新时代幼儿园管理实用丛书

幼儿园管理手册：
教育教学篇

刘先成　主编

中山大学出版社
·广州·

版权所有　翻印必究

图书在版编目（CIP）数据

幼儿园管理手册：教育教学篇/刘先成主编．—广州：中山大学出版社，2024.8
（新时代幼儿园管理实用丛书）
ISBN 978 - 7 - 306 - 08095 - 0

Ⅰ．①幼…　Ⅱ．①刘…　Ⅲ．①幼儿园—教育管理—手册　Ⅳ．①G617 - 62

中国国家版本馆 CIP 数据核字（2024）第 091953 号

出 版 人：	王天琪
策划编辑：	金继伟
责任编辑：	金继伟
封面设计：	林绵华
责任校对：	赵悦妍
责任技编：	靳晓虹
出版发行：	中山大学出版社
电　　话：	编辑部 020 - 84110283，84113349，84111997，84110779，84110776
	发行部 020 - 84111998，84111981，84111160
地　　址：	广州市新港西路 135 号
邮　　编：	510275　　　　　传　真：020 - 84036565
网　　址：	http://www.zsup.com.cn　　E-mail：zdcbs@ mail.sysu.edu.cn
印 刷 者：	佛山市浩文彩色印刷有限公司
规　　格：	787mm×1092mm　1/16　8.75 印张　145 千字
版次印次：	2024 年 8 月第 1 版　2024 年 8 月第 1 次印刷
定　　价：	68.00 元

如发现本书因印装质量影响阅读，请与出版社发行部联系调换

新时代幼儿园管理实用丛书
编委会

主　　编　刘先成

副 主 编　谢　玲　程柳燕　刘玉清　黄兰英
　　　　　　谢惠金　林　琳　李倩雯

成　　员　（按姓氏拼音排序）

陈佳妮　陈晓媚　陈　圆　冯丹霞
黄容凤　黄玉玲　冀　鑫　江惠莉
赖淑贤　李冰玲　李佩怡　李卫敏
李文妹　李颖贤　林惠芬　林丽璇
刘　冰　刘春花　龙　辉　陆妙霞
米芳芳　潘妙真　潘秀军　潘悦芬
潘　卓　吴月珍　伍英翔　肖雪华
杨婷婷　曾丽青　张少华　赵　亮
朱慧霞

新时代幼儿园管理实用丛书顾问委员会

主　　任　缴润凯
副 主 任　刘小龙　关瑞珊　王　萍
委　　员　（按姓氏拼音排序）

陈乐芳	陈婷芳	陈秀眉	程亚兵	方春红	关妙玲
黄　华	黄婉欣	江　平	蒋志兰	孔慧芸	邝美玉
赖新利	李　丹	李丽华	李钰苗	梁艳清	梁艳沃
廖利容	廖杏婷	罗　红	罗嘉敏	罗　琰	罗永生
马晨程	马伟生	区　茜	彭盛斌	沈先尧	田美萍
王　莉	王亦印	魏嘉华	温大治	吴冬梅	吴静如
吴祖贤	姚　婷	姚婉莉	张恩怡	张辉敏	张晓静
郑　蕙	周丽娟	周　雪	朱青山		

前言

我时常思考管理是什么，什么样的管理最适合幼儿园。在管理环境不断变化、多种观点并行的新时代，面对不断涌现的各类管理理论、管理技巧，我不断向幼教前辈、同行求教，向不同的管理者学习各领域的管理经验与方法。

在我看来，无论运用何种管理理论、何种管理方法，幼儿园管理都应明确工作岗位职责，适时修改管理制度，适当完善工作流程，细化工作表格，因需而变、有效管理、高效工作，做到"人与事的完美融合"，从而更有效地提高团队执行力。

编写本书是推动幼儿园管理标准化、规范化、制度化、工具化、流程化和实务化的重要举措之一。经编写团队的细化研讨，"新时代幼儿园管理实用丛书"以"职责＋制度＋流程＋表格"的模式介绍幼儿园后勤管理工作、教育教学工作、行政管理工作三大方面的制度规范及流程，为幼儿园管理工作的开展构建了一套较为完整、可供参考的管理体系。

此书出版之际，我从事教育行业已18年有余。回顾18年的风雨洗礼、喜怒哀乐和酸甜苦辣，我依然感到幸福、感到庆幸。18年前的我无法想象能与一群志同道合的伙伴编写一套丛书，只是梦想着是否能给幼教行业带来一丝涟漪，是否能以我成长之路上的微薄经验启发走在管理之路上的同行们。在此，我衷心感谢各级领导的关心关怀，感谢专家、同行们给予的帮助与建议，还想对每一位辛勤耕耘的团队成员表示感谢。

由于水平有限，本书仍有许多不足和问题待我们进一步探索与完善。对于本书内容不完善、错漏之处，我们谨以此书会友，恳请读者们批评指正！

刘先成

目 录

第一章　岗位职责 …………………………………………………… 1
　第一节　业务部门管理架构 …………………………………… 1
　第二节　业务部门岗位职责 …………………………………… 2

第二章　教师工作 …………………………………………………… 6
　第一节　教育教学常规 ………………………………………… 6
　第二节　教研活动管理办法 …………………………………… 42
　第三节　评优活动管理 ………………………………………… 53
　第四节　活动组织管理 ………………………………………… 73

第三章　幼儿活动 …………………………………………………… 96
　第一节　入园离园管理 ………………………………………… 96
　第二节　幼儿一日生活流程 …………………………………… 103

第四章　家长活动 …………………………………………………… 109
　第一节　家长活动管理 ………………………………………… 109
　第二节　家长沟通管理 ………………………………………… 119

后　　记 …………………………………………………………… 131

第一章 岗位职责

第一节 业务部门管理架构

幼儿园业务部门管理架构见图1-1。

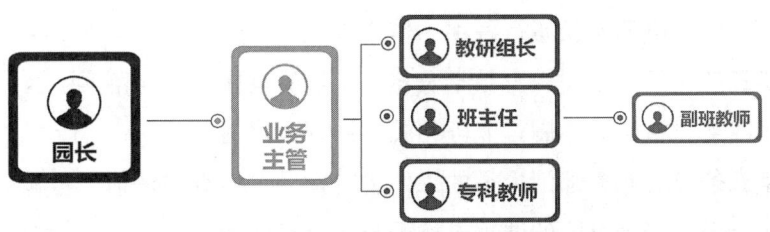

图1-1 幼儿园业务部门管理架构

第二节 业务部门岗位职责

一、业务主管岗位职责

在园长的领导下负责教育教学、安全教育、家长工作、学籍管理、环境教育及业务相关工作。业务主管岗位人选以每学年管理岗位竞聘的方式产生。具体岗位职责如下：

第一条 协助园长贯彻执行国家相关法律法规、方针、政策，执行上级主管部门的指示、决议以及规定，协助开展全园工作，提高幼儿园整体管理水平。

第二条 协助园长履行各项工作职责。

第三条 负责全园教育教学及相关工作的具体开展与落实。

第四条 结合实际制订业务相关的计划及撰写总结。

第五条 对业务部门人员的工作进行指导、检查、评估、考核。

第六条 安排全园的课程，按季节调整时间表。

第七条 审批各年级教育教学计划，深入班级听课，开展检查与指导。

第八条 组织教师开展业务学习培训，引导教师转变教育观念，定期开展教研和科研活动。

第九条 组织教学观摩，总结、交流经验，负责考核、评价工作。

第十条 组织全园性的各类大型活动、社会实践活动、家长学校活动。

第十一条 督促检查各班级教师落实工作一日生活常规的情况，了解家长及班级教师对各项工作开展的建议。

第十二条 做好家长满意度调查、社会宣传与社区联系等工作。

第十三条 宣传贯彻"预防为主"的方针，检查落实幼儿园卫生保健措施。

第十四条 做好新生入园和大班毕业离园工作。

第十五条 协助做好园内的各项检查、接待工作。

第十六条 负责业务部门人员和业务部门档案的整理及归档管理工作。

二、教研组长岗位职责

教研组长岗位人选以每学年管理岗位竞聘的方式产生。协助业务主管负责幼儿园教育教学、科研管理等工作。具体岗位职责如下：

第一条 在园长领导下贯彻执行国家的有关法律法规、方针、政策，执行上级主管部门的指示、决议，做好全园教学科研工作，提高管理水平。

第二条 组织教师学习有关教育教学理论和经验，承担教研组成员的业务指导工作，执行幼儿园工作计划，根据园长授权负责检查督导工作，并定期汇报。

第三条 协助园长开展全园的科研工作，带领教研组成员开展教学科研工作。

第四条 负责教研组内的资料收集及整理工作。

第五条 根据园务计划以及教育教学中遇到的问题，带领组内成员共同研讨、献计献策。

第六条 认真制订教研组工作计划，定期检查计划的实施情况，做好各阶段的评估及期中期末总结汇报工作。

第七条 组织教师开展专题研究、教育科学研究，定专题、定人员、定措施、定步骤，力争出成果、出效益。

第八条 定期组织教师进行专题研讨，解决工作中存在的疑难问题，推广教学过程中有效的方法、手段，营造相互学习的工作氛围。

第九条 团结组内成员，协调组内人际关系，促进本组教师在思想上、业务上的交流，做好本组的教风和组风建设。

第十条 珍惜外出学习机会，发挥"桥梁"与"窗口"作用。

第十一条 完成园长交办的其他工作。

三、班主任岗位职责

在园长的领导下全面负责班级保教工作，持续提高保教质量；协助业务主管建立健全班级保教管理制度，稳定保教队伍。班主任岗位人选以每学年管理岗位竞聘的方式产生。具体岗位职责如下：

第一条 团结全班保教人员，贯彻执行幼儿园的各项规章制度，按相关规定制订班级工作计划，总结班务工作。

第二条 每周主持召开班务会，传达幼儿园相关工作内容，讨论研究班级工作目标的实施情况，并就班级工作出现的问题共同探讨研究，找出解决方法。

第三条 负责班级环境的规划、活动区的设置及玩教具投放计划的制订。

第四条 负责安排班级幼儿常规工作，使班级幼儿一日生活有序开展。

第五条　负责安排家园联系与沟通，统筹家长工作。组织召开家长会，有计划地进行家访，按时发放家园联系手册。

第六条　做好教学课程的研究和实施工作，科学、正确评价幼儿的发展状况。

第七条　做好幼儿相关记录、新生在园情况报告、学期末测评等工作，负责班级财产管理工作。

四、副班教师岗位职责

在班主任的领导下全面负责班级保教工作。具体岗位职责如下：

第一条　贯彻执行幼儿园的各项规章制度。

第二条　按时积极参加园内的政治、业务学习，积极发表意见。

第三条　在班主任的安排下，制订教学计划。

第四条　制订一日活动计划，负责完成玩教具的制作。

第五条　配合班主任、保育员认真做好保育工作。

第六条　按质量完成园所、班主任临时安排的任务。

第七条　严格执行幼儿园安全、卫生保健制度，科学合理地安排幼儿一日生活。

第八条　负责开展班级户外活动。

第九条　配合班主任开展家访工作，并做好记录。按照班主任安排，认真填写家园联系手册。

第十条　做好每日交接班工作。

第十一条　做好各项资料的撰写与上交工作。

第二章 教师工作

第一节 教育教学常规

一、教育教学常规管理办法

第一条 为加强教育教学常规管理，建立正常的教育教学秩序，提高幼儿园教育教学质量，特制定教育教学常规管理办法。

第二条 本管理办法以《幼儿园管理条例》《幼儿园工作规程》《幼儿园教育指导纲要（试行）》《3～6岁儿童学习与发展指南》等教育法规以及幼儿教育工作文件为依据，结合幼儿园教育工作实际制定。

第三条 幼儿园需要抓好一日活动各个环节的管理，提高幼儿教育质量，促进幼儿健康发展，有效地调整和改进教师的保教工作，提高保教质量。

第四条 计划制订。结合实际情况制订工作计划，计划的制订以"预设—生成—调整"为原则。教师班级教育工作计划，应包括学期计划、月计划、周计划和日计划。幼儿园需建立健全集体备课制度以及检查、交流制度。

  第五条 环境创设。教师应充分认识环境对幼儿的教育作用，努力为幼儿创设良好的物质环境，让幼儿在与环境的交互作用中得到发展。环境的创设应体现教育的目的性、师幼的互动性、学习的动态性、材料的多元性、安排的合理性，为幼儿提供进行活动和表现能力的机会与条件，使幼儿自主性得到发展、自信心得到提高、个性得到张扬，促进幼儿身心健康和谐发展。教师还应充分挖掘与利用社区、自然、家庭等教育资源对幼儿进行教育。

  第六条 活动组织。教师应精心组织幼儿一日活动，做到动静交替，内容丰富，形式生动、活泼、多样，并以游戏为主要活动形式。要让幼儿自主地开展活动，充分发挥其学习的积极性、主动性、创造性。教师应给予幼儿适当的指导，并注重活动过程对幼儿发展的作用，重视面向全体、因材施教。在日常活动中，应建立必要、合理的教育教学常规，坚持一贯性、一致性和灵活性的原则，培养幼儿养成良好的习惯和初步的生活自理能力。

  第七条 个别教育。教师应根据幼儿身心发展的不同水平，有针对性地采取各种措施实施教育，要重视幼儿的个体差异和个体发展协调性，对特殊幼儿应观察分析其身心发展的特点，不断调整其阶段教育目标。研究个别教育的内容和方法，创造条件，使每个幼儿获得成就感，建立自信心，促进每个幼儿在原有基础上最大限度地发展。

  第八条 游戏指导。教师应确立"游戏是幼儿的基本活动形式"及"幼儿园以游戏为基本活动"的观点，因地制宜地为幼儿创造游戏的条件，要保证幼儿游戏的时间，充分利用室内外空间开展各类游戏，场地安排合理，避免相互间的干扰，鼓励幼儿在自然环境中探索。要提供丰富的游戏材料，体现功能的多变性、层次性和针对性，鼓励幼儿自制玩具，丰富游戏内容。教师要充分尊重幼儿游戏的意愿，鼓励其主动参与到游戏中，既要对幼儿实行全面的监护，又要启发幼儿自己解决问题，避免过分干预，使幼儿愉快地、自主地游戏，促进其能力和个性的全面发展。

第九条　观察分析。教师应在一日活动中观察幼儿的表现，了解幼儿的需求，抓住教育契机，及时进行教育。要分析本班幼儿的发展水平以及形成的原因，并能给出相应的教育对策，使教育内容和教育要求切合本班幼儿的实际。

第十条　家长工作。教师应主动与家长保持联系，通过多种途径和方法指导家庭教育。根据幼儿发展的特点采取相应的教育措施，促进家园教育的同步化，使幼儿家长成为幼儿园教育的合作伙伴。

第十一条　认真进行幼儿园教育研究，注重对保教质量的评估分析，切实提高教育效益。明确教育评价的重要性，完善幼儿发展状况评价和教师教育工作评价，有效地调整和改进教师的保教工作方法，提高保教质量。

第十二条　加强行政管理制度建设，保证各项工作的正常运行。根据教师个性、能力等合理安排配班教师，使各班教师的专业能力达到优势互补。科学合理地制订幼儿一日活动作息时间表，根据幼儿的年龄特点、发展需要、季节特点等调整幼儿作息时间，使教师和幼儿有更多自主的时间与空间，真正体现"幼儿园一切以幼儿发展为本"的理念。

第十三条　坚持实行每日巡班制度，要求教师严格遵守教师操作规范，保证各班正常开展活动。

本办法最终解释权归幼儿园园务委员会。

附件1：班级学期、月、周工作重点

每学期工作重点			
序号	工作内容	完成时间	责任人
1	制订班务工作计划	上学期结束前	班主任
2	制订班级人员个人发展计划、完善个人档案	学期开始前	全体
3	领发本学期班级玩教具	学期开始前	班主任
4	新生家访，老生电话家访	学期开始前后	全体
5	设计亲子活动，开展家长助教活动	每月1次	全体
6	环境布置	学期开始前后	全体
7	领取班级所需物品	学期开始前后	班主任
8	各类评比活动	学期中	全体
9	半日开放活动	学期中	全体
10	召开家长会	开学第2周	全体
11	排练节目，汇报演出	学期中	全体
12	幼儿素质发展评定，填写家园联系手册	每周及学期结束前	全体
13	编排新操	开学第1周	全体
14	完成幼儿园工作计划要求的其他任务	根据要求	全体
15	班级学期总结资料收集及班级成长分享	学期末	班主任
16	个人学期总结	学期末	全体

每月工作重点		
序号	工作内容	完成时间	责任人
1	接受月考核	每月1—5日	全体
2	制订月计划	上一个月28日前	班主任
3	召开班级会议，讨论本月工作重点、措施与要求	每月1日前后	全体
4	更换"家长园地"内容	每月初	全体
5	制订主题活动计划及亲子任务清单并实施	上月末	全体
6	填写需要购买的物品清单	上月末	副班教师
7	完成园长布置的其他任务	根据要求	全体
8	每月生日会方案的策划及实施	每月末各班级轮换进行	全体

每周工作重点			
序号	工作内容	完成时间	责任人
1	制订周计划	周四前	班主任
2	召开班级会议 讨论本周工作重点、措施与要求	周一	全体
3	文明先进班级评比	周五	保育员
4	交代孩子带回床单、被子、褥子（双周）	视天气而定	保育员
5	消毒玩具	周三	保育员
6	消毒图书（单周）	视天气而定	保育员
7	填写家园联系手册	周五前	副班教师
8	领取本周所需物品	周二	保育员

附件2：班级一日常规工作

时间	工作内容	操作要求
7：50—8：00 晨接前准备	做好迎接幼儿的准备（整理内务，做好当天活动准备，完成卫生工作）	做好班级卫生及安全检查并完成表格记录
8：00—8：20 晨接	1. 主动、热情、礼貌地迎接幼儿。观察幼儿身体、情绪和精神面貌，查看幼儿是否携带不安全物品，是否按要求带齐当天所需用品 2. 如发现问题，及时与家长沟通、确认 3. 组织幼儿开展观察、劳动、值日、自主活动等 4. 清点幼儿出勤情况，并做好记录 5. 及时与未到园幼儿的家长取得联系，了解原因 6. 按时在晨报系统进行晨报	1. 教师站在教室门口迎接幼儿时应微笑，着装整齐，精神饱满 2. 班主任与副班教师、保育员分工明确 3. 及时记录家长反馈的情况
8：20—8：40 早餐、餐后活动	1. 为幼儿营造愉快的进餐环境（可播放轻音乐） 2. 给幼儿适当的选择机会，允许幼儿在一定范围内自由选择进餐座位、食物等 3. 观察幼儿的进食量，纠正不良进餐习惯。对特殊幼儿给予个别照顾，及时处理异常情况	指导幼儿在合适的进餐时间内完成进餐（中、大班不少于10分钟，小班不少于15分钟）

续上表

时间	工作内容	操作要求
8:40—9:10 集体活动	1. 班主任及副班教师负责本班幼儿各项活动的组织工作 2. 开展活动前，做好本班幼儿的年龄特点分析及目标设计，选择适合本班幼儿的活动 3. 结合幼儿的发展现状，采用适宜的教学方法	1. 根据本班幼儿实际需要和已有经验，结合本园课程的要求，制订切实可行的活动计划及活动目标 2. 准备必需的教具，提供满足每个幼儿活动需要的活动材料并做好分发准备 3. 活动前向班级成员讲解需配合的事项 4. 根据活动类型设置便于幼儿活动与交流的空间 5. 耐心倾听，理解幼儿的想法与感受，支持、鼓励幼儿大胆活动。关注幼儿在活动中的表现与反应，敏锐地察觉幼儿的需求，及时回应 6. 关注活动中不同个性的幼儿，满足不同幼儿的需求 7. 注重培养幼儿良好的行为习惯。关注幼儿是否在原有水平上有所发展 8. 活动后回想活动过程中幼儿的实际发展情况并收集实证材料

续上表

时间	工作内容	操作要求
9：10—10：10 早操、户外活动	1. 早操前准备（幼儿仪容仪表整理、操前场地安全检查及早操物品摆放等） 2. 户外活动开展期间，对场地、设施进行安全维护，保证走、跑、跳、钻、爬、投掷、平衡等基本动作的开展 3. 根据幼儿活动需要提供足够的体育活动材料 4. 提醒幼儿在活动过程中按需饮水，鼓励主动饮水	1. 操节编排结构合理，应包括准备活动、队列练习、操节（篮球操或器械操各一套）、律动、小型器械及游戏活动等 2. 运动量适当；时间适宜，中、大班活动时间为15分钟，小班活动时间为10分钟 3. 根据不同年龄段幼儿的特点编排不同的操节 4. 提醒并检查幼儿是否做好早操前准备（冬季需要脱掉外衣、取下围巾、垫好后背毛巾等），衣服、鞋子是否穿好 5. 教师应精神饱满地组织早操，口令规范，示范正确 6. 随时观察幼儿早操情况，做到"三看"（看情绪、看动作质量、看动作力度）、"三提示"（提示动作、提示增减衣物、提示注意运动卫生及安全） 7. 指导幼儿选择和按规定收拾器械 8. 教师服饰应符合早操活动要求（不穿高跟鞋、不穿裙子、衣服长短适中、不披发）

续上表

时间	工作内容	操作要求
		9. 保证每天户外活动时间不少于2小时，其中体育活动时间不少于1小时，且活动分段进行 10. 引导幼儿多通过身体动作参与户外活动，减少过多的示范讲解 11. 有目的地观察幼儿参加体育活动的兴趣、动作发展、习惯、安全意识、意志品质等实际情况，做出积极的应对和调整 12. 建立适宜的运动活动常规，督促幼儿遵守 13. 控制好活动中幼儿的运动量，注意动静交替，逐渐增加运动量和运动强度，防止突然运动或剧烈运动造成的拉伤、扭伤或身体不适等

续上表

时间	工作内容	操作要求
10：10—11：30 水果餐、室内区角游戏	**水果餐** 1. 为幼儿营造愉快的进餐环境（可播放轻音乐） 2. 给幼儿适当的选择机会，允许幼儿在一定范围内自由选择进餐座位、食物等 3. 观察幼儿的进食量，纠正不良进餐习惯。对特殊幼儿给予个别照顾，及时处理异常情况 **室内区角游戏** 1. 根据游戏活动的要求和幼儿游戏活动的需要，家园共同收集自然物、废旧物、半成品等作为游戏活动的材料 2. 根据需要，小班设置5个以上活动区，中班设置5～7个活动区，大班设置6～8个活动区 3. 根据幼儿的游戏水平，开展班级区角游戏，教师应做好观察及指导工作	**水果餐** 指导幼儿在合适的进餐时间内完成进餐（中、大班不少于10分钟，小班不少于15分钟） **室内区角游戏** 1. 制订目标明确、包含指导和观察要点的游戏活动计划 2. 保证幼儿每日至少开展1次区角游戏，保证幼儿主动性游戏活动的时间 3. 采用集体游戏、个体游戏、小组游戏、自由游戏形式组织幼儿游戏活动 4. 游戏材料投放数量足、种类全，添置和更换及时，每月不少于1次 5. 用"扫描观察法""定点观察法""追踪观察法"等方法观察幼儿游戏水平、游戏状态，并有目的地做好记录

续上表

时间	工作内容	操作要求
11：30—12：30 午餐、餐后散步	1. 为幼儿营造愉快的进餐环境（可播放轻音乐） 2. 给幼儿适当的选择机会，允许幼儿在一定范围内自由选择进餐座位、食物等 3. 观察幼儿的进食量，纠正不良进餐习惯。对特殊幼儿给予个别照顾，及时处理异常情况	1. 组织幼儿按时进餐，两餐间隔时间不少于3.5小时。餐前餐后30分钟内不做剧烈运动 2. 时常变换幼儿就餐座位、餐具等，使进餐形式多样化 3. 鼓励幼儿独立进餐，不催促幼儿用餐。提醒幼儿在合适的用餐时间内完成进餐（中、大班不少于20分钟，小班不少于25分钟）
12：30—14：30 午睡	为幼儿营造安静的午睡环境（可播放轻音乐、讲故事）	随时巡查幼儿睡姿、盖被情况，及时做好午睡记录

续上表

时间	工作内容	操作要求
14：30—14：50 起床、盥洗	1. 观察幼儿饮水量，保证幼儿日饮水量达 400～600 毫升 2. 带领幼儿到指定位置进行午间锻炼	1. 起床后检查幼儿的着装，及时为女孩子整理头发 2. 检查或指导小班幼儿盥洗，中、大班幼儿由值日生检查盥洗情况 3. 将盥洗方法、爱清洁、节约用水等教育内容用图示、简单文字、童谣等简明、形象的方式呈现在幼儿盥洗处，并提醒幼儿遵守 4. 指导幼儿安全有序地取水，并做好午间锻炼的准备

续上表

时间	工作内容	操作要求
14:50—15:40 户外活动	1. 班级户外活动监测 2. 检查场地、设施等,保证户外活动的安全 3. 开展走、跑、跳、钻、爬、投掷、平衡等各种发展幼儿基本动作的活动 4. 根据幼儿活动需要提供足够的体育活动材料 5. 提醒幼儿在活动过程中按需饮水,鼓励主动饮水	1. 合理利用户外体育活动场地,保证每天户外活动时间不少于2小时,其中体育活动时间不少于1小时,且分段进行 2. 引导幼儿多通过身体动作参与户外活动,减少过多的示范讲解 3. 有目的地观察幼儿参加体育活动的兴趣、动作发展、习惯、安全意识、意志品质等实际情况,做出积极的应对和调整 4. 建立适宜的运动活动常规,督促幼儿遵守 5. 控制好活动中幼儿的运动量,注意动静交替,逐渐增加运动量和运动强度,防止突然运动或剧烈运动造成的拉伤、扭伤或身体不适等
15:40—16:00 午点	保育员提前领取、分发午点,并做好进餐准备	指导幼儿在合适的时间内完成进餐,养成良好的进餐习惯

续上表

时间	工作内容	操作要求
16：00—16：10 离园活动	1. 回顾当天活动内容 2. 对幼儿进行评价，提出离园要求 3. 幼儿保持良好的情绪离园	1. 引导幼儿摆好桌椅，整理好个人物品，有礼貌地同教师、小朋友告别 2. 根据需要用便条、群消息等方式向家长介绍幼儿当天在园情况或通知有关事宜 3. 确认接幼儿的家长，遇有陌生人试图接幼儿时，必须通过电话或其他方式联系家长进行确认
16：10—16：30 幼儿离园	1. 检查幼儿仪容 2. 调动幼儿情绪	1. 检查幼儿仪容仪表 2. 幼儿愉快地离园

备注：

1. 如班级有新生，待全体幼儿入睡后，班级教师可致电新生家长交流幼儿在园的情况，安抚家长的情绪

2. 做好个别特殊幼儿的交接。如：针对生病的幼儿和当天表现异样的幼儿，应向家长详述幼儿在园的生活及活动情况，提出希望得到家长配合与支持的事宜

3. 如幼儿在园内发生突发事件，教师必须在第一时间主动联系家长，客观地通报幼儿的相关情况，争取得到家长的理解与配合，保留好相关记录资料，妥善处理后续事宜

4. 所有幼儿离园后，教师可进行次日活动的准备

二、班级管理制度

第一条 为进一步明确班级成员职责，团结班级成员，共同贯彻落实幼儿园各项规章制度，现结合幼儿园及班级实际情况，特制定班级管理制度。

第二条 班级成员须按相关规定制订班级工作计划，总结班务工作。

第三条 每周班主任须组织召开班务会议，传达幼儿园相关工作内容，讨论研究班级工作目标的实施情况，并就班级工作出现的问题进行探讨研究，寻求解决方法。

第四条 班级成员须共同商讨班级环境的规划、活动区的设置及玩教具投放计划的制订。

第五条 安排与实施班级幼儿常规工作，使班级幼儿一日生活有序，身心健康发展。

第六条 做好家园联系与沟通，统筹家长工作，有计划地进行家访，按时发放家园联系手册。

第七条 做好教学课程的研究和实施，科学、正确地评价幼儿的发展状况。

第八条 做好新生在园情况报告、学期末测评等工作。

第九条 管理班级财产。

第十条 每日按当天活动实际情况填写相关表格，如观察记录表、交接班记录表、户外活动情况登记表、家访记录表、安全自查表、"三浴"锻炼记录表、因病缺勤登记表、幼儿发热登记表、午检记录表、班务会议记录表。

本制度最终解释权归幼儿园园务委员会。

三、教学计划

（一）教学计划制订制度

第一条 为贯彻落实《幼儿园教育指导纲要（试行）》《3～6岁儿童学习与发展指南》等文件精神，科学制定教育教学相关制度，现结合实际情况，特制定教学计划制订制度。

第二条 每位教师须深入学习《幼儿园教育指导纲要（试行）》《3～6岁儿童学习与发展指南》，深刻把握《幼儿园教育指导纲要（试行）》精髓，使教学计划遵循幼儿身心发展规律和学习特点。

第三条 制订各类教学计划时应遵循"观察在前、目标在后"的原则。

第四条 制订教学计划时应遵循"以幼儿发展为本"的理念，教学计划要体现稳定性和灵活性相结合的原则。

第五条 教师须了解各年龄段幼儿的年龄特点，并根据年龄特点进行分析。

第六条 教师须了解幼儿园行事历，并根据行事历安排制订具体可行的教学计划。

第七条 教师应根据国家和省市的教育要求、幼儿发展需要等因素，制订学年或学期教育计划，明确教育目标、重点和难点。

第八条 教师应该结合实际情况，评估幼儿的发展状况，制订详细的学习计划和教育方案，确保幼儿的全面发展。

第九条 每月初教师须制订详细的月工作计划。月工作计划应该包括教学内容、活动安排、家园共育等方面。同时，教师还应该注重对幼儿的观察和了解，针对幼儿的个性差异制订个别计划，以满足不同幼儿的学习需求。

第十条 教师应对本周的教育活动和工作进行总结和评估，制订详细的周计划。周计划应该包括每日的教育活动和工作安排，如课程内容、游戏活动、安全工作目标、常规培养重点等。

第十一条 教师须根据当天的教育活动和工作要求，制订详细的日计划。日计划应该包括当天的各个时间段的具体活动内容及要求。

本制度最终解释权归幼儿园园务委员会。

附件1：教学计划制订流程

流程名称	教学计划制订		
任务概要	教学计划制订	执行单位	业务部门
部门岗位	班级教师		
工作流程	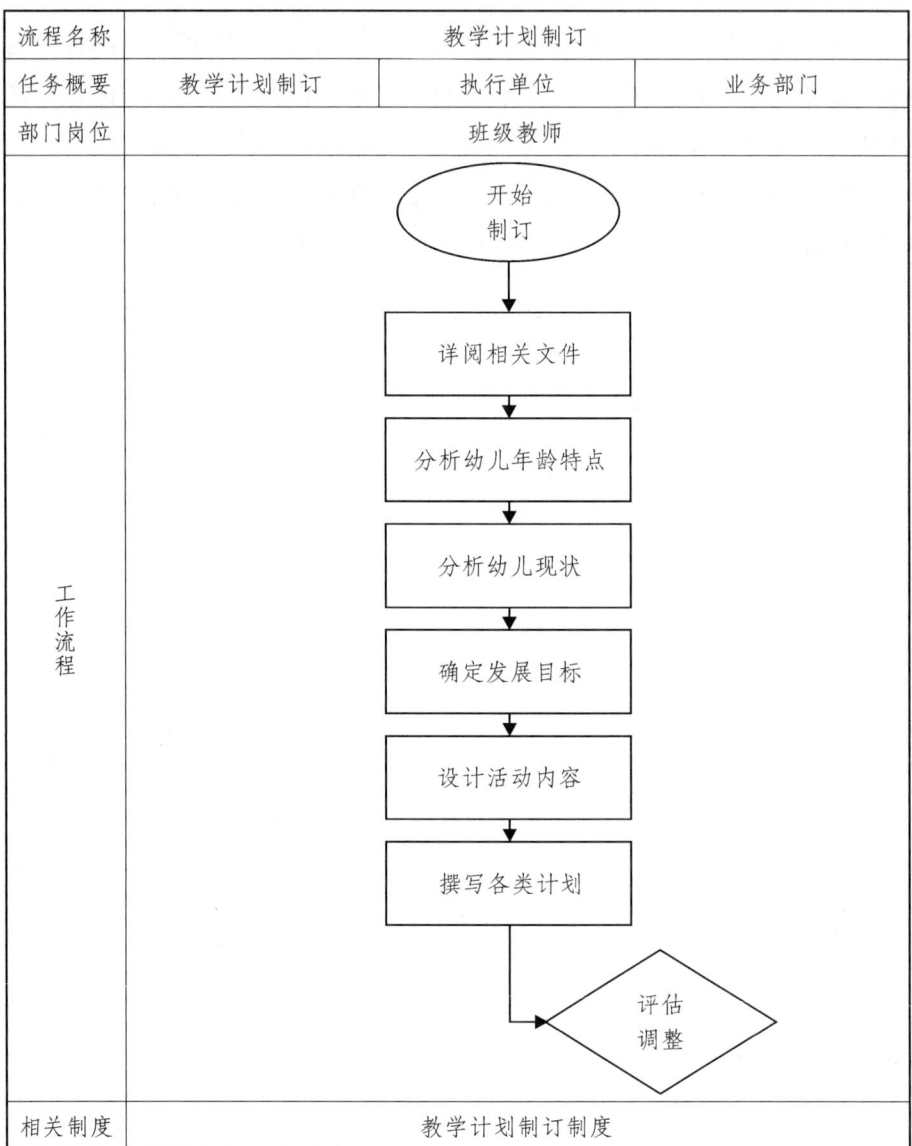		
相关制度	教学计划制订制度		

附件2：月工作计划表

日期：	教师：
月工作重点	
主题活动目标	健康： 语言： 社会： 科学： 艺术： 财经：
环境教育	
生活教育	
安全教育	
区域活动	
家长工作	

附件3：月工作总结表

日期：	教师：
月工作小结	
主题活动开展情况	
优点	
不足	
下一阶段思路	

（二）班级周计划制订制度

第一条 为了更好地落实《幼儿园教育指导纲要（试行）》《3～6岁儿童学习与发展指南》等文件精神，不断提高幼儿园保教质量，确保班级每周工作有计划地开展，特制定班级周计划制订制度。

第二条 制订周计划需要严格遵循相关文件要求，本着面向全体幼儿的理念，以全面提高幼儿素质为目的。

第三条 明确幼儿园教育教学目标，以《3～6岁儿童学习与发展指南》为指引，坚持教学游戏化、活动游戏化的原则，创造性地设计各种游戏活动，使幼儿的情感、知识、技能等素质得到全面提升。

第四条 制订周计划时，在面向全体幼儿的同时必须注重个体差异，对不同年龄、不同兴趣爱好、不同性格的幼儿，采取不同的教育方式，确保幼儿在原有基础上得到进步。

第五条 有计划地安排活动内容，自制玩教具所需材料应充足，以可回收材料和半成品为宜，符合班级幼儿年龄特点和主题教育目标。

第六条 周计划须有序安排集体活动、小组活动、游戏活动等。

第七条 认真分析上周幼儿情况，制订下周计划，体现连贯性。

第八条 教师须使用既定的周计划表格模板制订周计划。

第九条 每周四14：00前，各班级须完成周计划的制订并上交。

本制度最终解释权归幼儿园园务委员会。

附件1：班级周计划制订

流程名称	班级周计划制订		
任务概要	班级周计划制订	执行单位	班主任
部门岗位	班主任		业务主管
工作流程	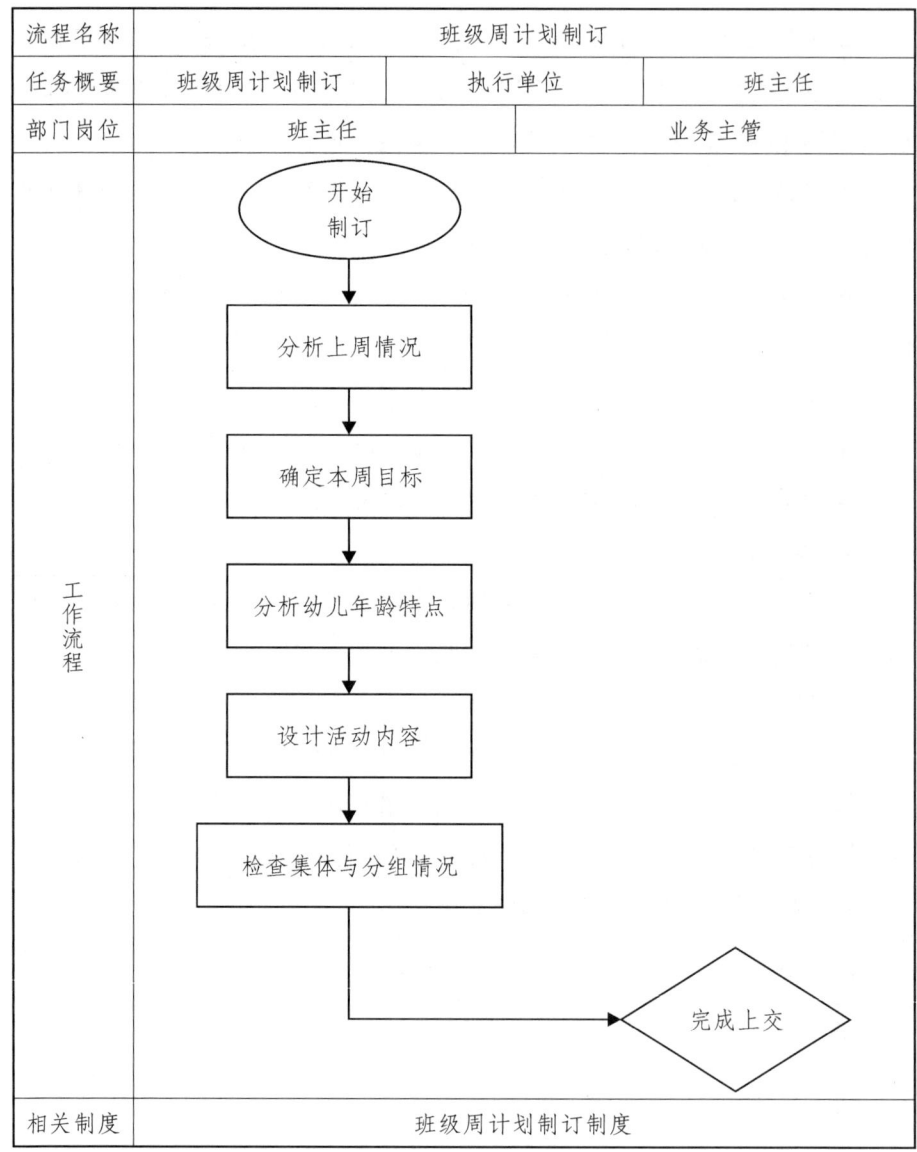		
相关制度	班级周计划制订制度		

附件2：班级周计划表

保教人员：　　　　　主题：　　　　　日期：

上周幼儿情况分析			本周幼儿发展目标		
本周工作重点	安全工作重点	常规培养重点	卫生保健重点	家长工作重点	爱国教育及环境材料
时间	星期一	星期二	星期三	星期四	星期五
7：50—8：40					
8：40—9：10					
9：10—10：10					
10：10—11：30					
11：30—12：30					
12：30—14：50					
14：50—15：40					
15：40—16：00					
16：00—16：30					

班主任签名：　　　　　部门主管签名：

附件3：班级日计划表

主题：　　　　　　　执教：　　　　　　　日期：

时间	内容	反思

四、教学反思制度

第一条 为了让教师养成反思的习惯，自觉地对自己的教学观念、教学行为与教学效果进行自我评价，共同推动保教质量的有效提升，现结合实际情况，特制定教学反思制度。

第二条 每名教师均须进行常规性的教学反思，并直接标注在教案后。

第三条 每名教师每周至少撰写2篇文本式的教学反思，每周至少撰写1篇观察记录和1个教育故事。

第四条 教学反思的撰写素材可以选取完整的教学活动，也可以选取教学片段，可以反思教师行为、教学设计内容，也可以是预设活动之外的行为和内容。

第五条 教学反思须包括亮点、不足、原因分析及改进意见。

第六条 教学反思类型多样，倡导"一课三研"跟踪式反思，可以通过抒情、叙事或评论等方式撰写自己的思考、体验与感悟。

第七条 各教研组利用每周常规教研时间组织教师进行交流，反思自己的教学情况，思考、研讨下一步的教学计划，为教师提供交流的平台。

本制度最终解释权归幼儿园园务委员会。

附件1：教育活动设计模板

设计教师：　　　　　　活动时间：　　　　　　活动级组：

活动主题	活动名称
活动意图	（为什么做这个活动，希望通过这个活动达到怎样的目的）
活动目标	（活动的合理性、可操作性以及需要注意的环节） 1. 尽量从三个层面拟定：情感、技能、认知 2. 关注学科或领域的本体目标 3. 具体、可操作，便于检测 4. 语言准确精练，表述一致（以幼儿为主体确立目标）
活动准备	1. 活动材料的投放 2. 经验的准备 3. 学习情境的创设
活动过程	1. 结构完整，层次分明、清晰，操作性强 2. 详略得当，突出主体部分，突出重难点 3. 能反映活动中教师的指导和循序渐进的引导，如开放性的提问、过渡性的语言等，应在教案中加以表述 4. 游戏或教材应作介绍（可置后）
活动延伸	（根据幼儿的学习情况确定，可以预设，也可以生成，可以有，也可以无） 1. 需要巩固的新知识、新技能，部分幼儿未达成的目标，需要进一步突破的重点和难点，幼儿在过程中产生的新问题、疑惑、兴趣点，在教学活动中没有完成的或仍有兴趣的内容 2. 形式上：区域活动、生活活动、家庭活动、教学活动、环境设置，等等
活动反思	（活动结束后对活动情况的分析） 1. 可以详细，也可以简略 2. 突出重点：教师最大的感悟（成功的、失误的、突发的），对自己或对同事最有价值的启迪、认识 3. 写法灵活

附件2：课程故事模板

时间： 撰写人：

缘起	（幼儿园课程故事内容本身来自幼儿感兴趣的事、物、景等。这些令幼儿感兴趣的事、物、景可能是某个或一部分孩子的兴趣点，教师捕捉到这个信息，从而可以围绕这个兴趣点开展课程）
过程	提出问题—分析准备—初步体验—探索实践（设计与制作—反思与调整—展示分享—评价反思）（备注：体验和探索实践均以图文并茂的形式呈现）
感悟	

附件3：说课稿模板

项目		项目说明
说设计意图	幼儿/学情分析	1. 幼儿的知识经验、最近发展区 2. 幼儿年龄特点
	教材	1. 教材分析 （1）活动起源（撰写说明：如为大主题内的说课需要撰写） （2）政策依据（撰写说明：指南、纲要） 2. 活动内容 （撰写说明：教师对活动内容的理解、分析、处理。选择必须符合幼儿实际情况，分析幼儿已有经验、当前所需经验，结合长远的发展需求，说明本次活动内容选择的必要性和重要性）
说活动目标	具体目标	1. 情感态度 2. 认知 3. 技能 （撰写说明：为什么要这样设定目标？目标是否符合《幼儿园教育指导纲要（试行）》《3～6岁儿童学习与发展指南》要求？是否切合各层次幼儿实际需求？）
	重难点分析	（撰写说明：重点即核心经验，难点即幼儿当前比较难理解及接受的内容，有时候重点即难点）
说活动准备		1. 经验准备 2. 物资准备 3. 环境准备 （撰写说明：为什么要准备这些材料，为了达到什么目标）

续上表

项目		项目说明
说教法学法		（撰写说明：说明根据、作用、适用度等） （思考方向：有效支持儿童学习的方法，选择这些方法的依据，应用这种教法应注意哪些问题？如何突出重点、突破难点、分析疑点？运用什么样的教学手段？依据幼儿的哪些特征？运用哪些教学规律？幼儿学习知识和技能的方法，要培养幼儿哪些能力？幼儿可能会出现哪几种学习结果？）
说活动流程	开始部分	激发幼儿学习的兴趣
	过程部分	1. 获得经验，感知探索阶段 2. 重整经验，创新探索阶段 3. ……
	结束部分	观摩、交流、肯定 （撰写说明：每一个环节具体怎么做以及设计的依据分析，时间合理分配与否）
说活动延伸		（思考方向：巩固已获得经验）
说活动特色与预期效果/活动反思		1. 活动特色（撰写说明：提炼2～3个活动特色） 2. 预期效果（撰写说明：在认知、智力开发、能力发展、思想品德、身心发展等方面做出具体、可行的预测） 3. 活动反思（撰写说明：说出教学评价、反馈与调节的措施与构想）

附件4：学习故事模板

记录人：

观察时间	第　周（__月__日）	观察对象	
观察：发生了什么？例如：我看见你…… （建议插入图片，以便直观展示）			
识别：			
回应：			

附件5：游戏活动案例

教师姓名	
案例名称	
班别	□小班　　□中班　　□大班　　□混龄班
活动类型	□主题活动　　□区域活动　　□生活活动
主要领域	□健康　　□体育　　□语言　　□科学　　□数学 □社会　　□美术　　□音乐　　□财经素养　　□其他
案例场景 （可多选）	1. 幼儿园公共场景 □运动设备区　　□角色表演区　　□建构游戏区 □自然－科学区　　□沙水探索区 □阅览区　　□休闲安静区 2. 幼儿园班级场景 □美术区　　□积木区　　□角色表演区　　□阅读区 □自然－科学区　　□操作区　　□安静区 3. 一日生活、社区场景 □生活场景_____　　□社区场景_____ □其他_____ （全景图）　　　　　（近景图）
玩教具材料 （5个以内）	1. 主材料 2. 辅助材料

续上表

关键词 (5个以内)	
摘要 (500字以内)	

一、活动背景（主要介绍游戏活动所需的玩教具材料、环境准备、儿童的兴趣和前期经验、教师预期、游戏规则或玩法等）

1. 玩教具材料
2. 环境准备
3. 儿童的兴趣和前期经验
（1）儿童的兴趣
（2）前期经验
4. 教师预期
5. 游戏规则或玩法

续上表

二、活动内容与过程实录（主要介绍活动的内容和过程，包括幼儿交往的关键环节和典型行为，记录教师的支持与回应等）
1. 活动描述   2. 教师的思考
三、活动特点及价值所在（主要介绍活动的特点及其对幼儿学习发展的价值，反思教师支持行为的不足之处，分析可能生成的教育契机以及进一步的支持策略等）
1. 活动的特点及价值   2. 反思教师的支持行为   3. 新的教育契机与支持策略

五、班务会议管理制度

第一条　为确保班级运行有序，全体保教人员将幼儿园各项工作落实到各班级当中，现结合幼儿园实际情况，特制定班务会议管理制度。

第二条　班务会议时间为每周一下班后，班级全体保教人员均须参与。

第三条　班务会议主持人为各班级班主任。

第四条　班务会议内容须包含上周工作汇报与小结、本周工作重点等。

第五条　班级成员需要提前准备汇报的工作内容，如班级教育教学工作总结、问题分析、解决措施等。

第六条　班级成员须根据会议议程逐一讨论各项问题，包括班级存在的问题和未来改进的措施。针对讨论的问题提出可行的解决方案，并在会上进行投票表决确认解决问题的相关措施。

第七条　会议结束后，会议主持人对会议内容进行记录和总结，包括记录参会人员和参会情况、汇总决策和解决方案等。

第八条　每周二下班前，各班级须完成周班务会议的召开，特殊情况除外。

本制度最终解释权归幼儿园园务委员会。

附件：班务会议记录表

_____学年第_____学期

班别：	会议时间：	会议地点：
参会人员：		
主持人：	记录人：	
会议内容		
安全工作：		
卫生保健：		
家长工作：		
业务工作：		
不足及努力方向：		
检查者签名	抽查者签名	

第二节　教研活动管理办法

第一条　为营造良好的教研学术氛围，不断总结教育经验，优化教学方法，逐步提升教育教学水平，现以幼儿园实际情况为依据，特制定教研活动管理办法。

第二条　本办法适用于幼儿园内举办的各项教研活动，包含园级教研活动、各部门教研活动等。

第三条　教研活动领导小组负责编制"各岗位业务培训时间安排表"，审核各教研组的学期计划，并监督各教研组的实施情况。领导小组成员如下：组长为园长，副组长为副园长，组员为园级行政人员。

第四条　管理原则。

（1）统筹协调原则。教研活动管理应有利于统一规划和规范园内各项教研活动，使之有序开展；教研活动管理应有利于教职工全身心参与教研活动，而不影响幼儿园各类日常教育教学活动的开展。

（2）科研兴园原则。各项教研活动的开展应有利于提高教职工教研水平和业务能力，并以教育科研推动幼儿园各项发展。

（3）综合效益原则。为保障各项教研活动顺利开展，各部门须按相关计划、活动要求给予充分配合，以调动多方的积极性。教研活动应做到形式多样、内容丰富、安排合理、讲求实效。

第五条　经园长办公（行政）会议讨论后，领导小组将成立园内各教研组，并拟定"各岗位业务培训时间安排表"。其后，通过岗位竞聘、会议讨论任命等形式，拟定教研组长人选。

第六条 制订教研组计划必须经过 5 个环节：教研组成员参与研讨工作困惑和专题需求，确定主要教研方向；教研组长根据小组的需求，从具体工作目标、具体活动内容、具体保障措施等方面制订切实可行的教研计划；开学第二周前，各教研组长须将教研计划交由领导小组审核；计划审核通过后，教研组长组织组内成员解读教研计划，教研计划如未能通过则调整计划后再次上交；正式实施计划。

第七条 各教研组每周或隔周开展 1 次教研活动，具体以"各岗位业务培训时间安排表"为准。

第八条 原则上，每次教研活动时间不得超过 3 小时。如因特殊情况，教研活动结束时间晚于正常教职工下班时间，教研组长可于园长办公（行政）会议上提出对参与教研人员予以补休，具体情况由领导小组讨论决定。

第九条 各类教研活动应安排在教职工正常工作时间内。

第十条 如因上级部门特殊安排、幼儿园临时需要而开展不在"各岗位业务培训时间安排表"中的教研活动，教研负责人需要填写纸质版申请表，并于园长办公（行政）会议上提出，经由领导小组讨论后，决定是否开展相关临时教研活动。

第十一条 所有未经领导小组许可而开展的临时教研活动，幼儿园将不予支持。

第十二条 各类教研活动应主题鲜明、内容丰富、形式多样。

第十三条 教研组长应结合教研计划、教研组实际情况对每次教研活动进行详细的安排，并做好相关资料的收集工作。

第十四条 教研组成员必须按时参加教研活动，如遇特殊情况需要请假的，必须履行请假手续。

第十五条 各类教研活动应形式多样，做到集体研修、个别学习、听课评课、实地观摩等相结合。

第十六条　每学期末，教研组长需要结合学期初制订的教研计划，组织教研组成员对本学期教研活动的开展、成效进行经验梳理、资料汇总与反思。教研组长还需要完成教研组总结的撰写，并向全体教职工做教研组工作总结汇报。

第十七条　教研组相关活动记录、资料总结须于学期末统一交由领导小组留档保存。

第十八条　针对各教研组教研活动的开展情况，以及资料的整理事宜，领导小组以每月绩效考核、学期末评优评先等多种形式对教研组长、各类教研活动负责人进行考核。

本办法最终解释权归幼儿园园务委员会。

附件1：各类教研计划制订流程

流程名称	各类教研计划制订流程		
任务概要	制订教研计划	执行单位	教研组长
部门岗位	领导小组	教研组长	教研组成员
工作流程	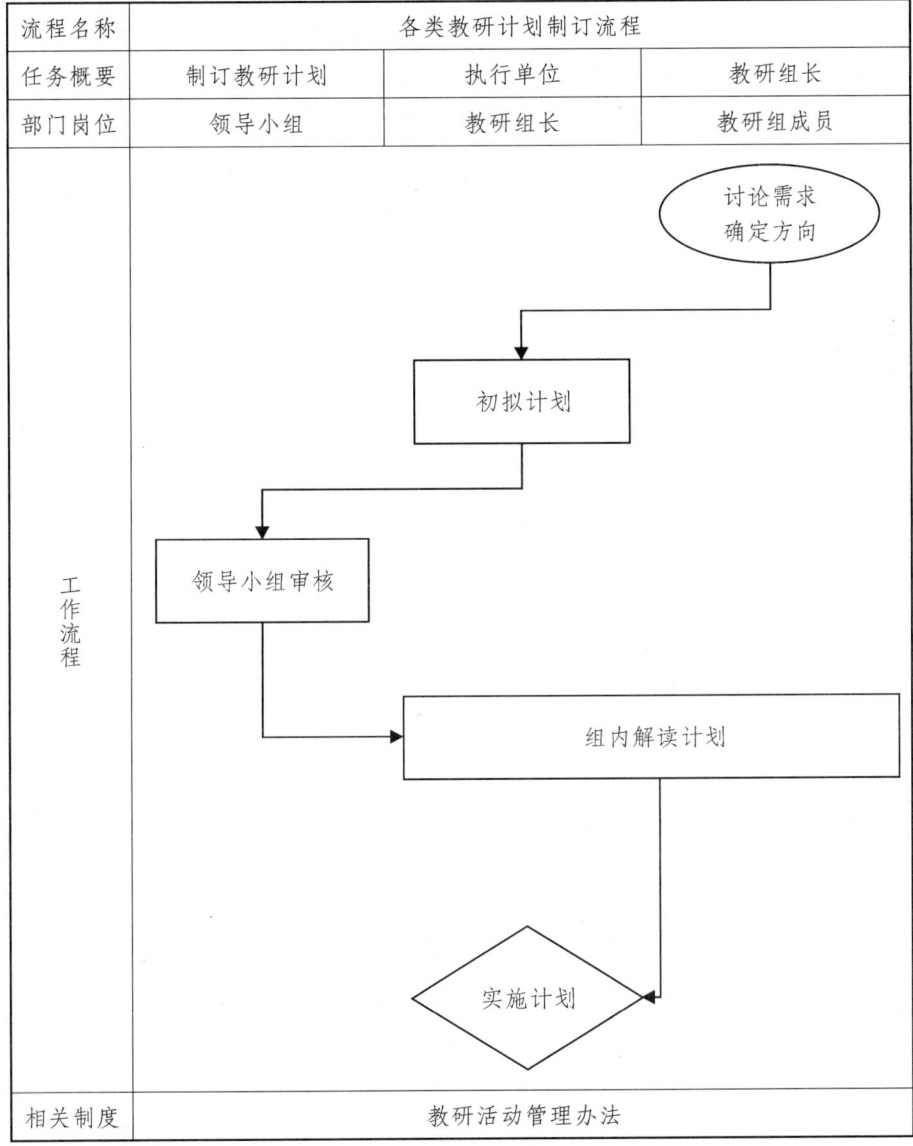		
相关制度	教研活动管理办法		

附件2：临时教研活动开展流程

流程名称	临时教研活动开展流程		
任务概要	开展临时教研活动	执行单位	教研负责人
部门岗位	领导小组	教研负责人	教研人员
工作流程	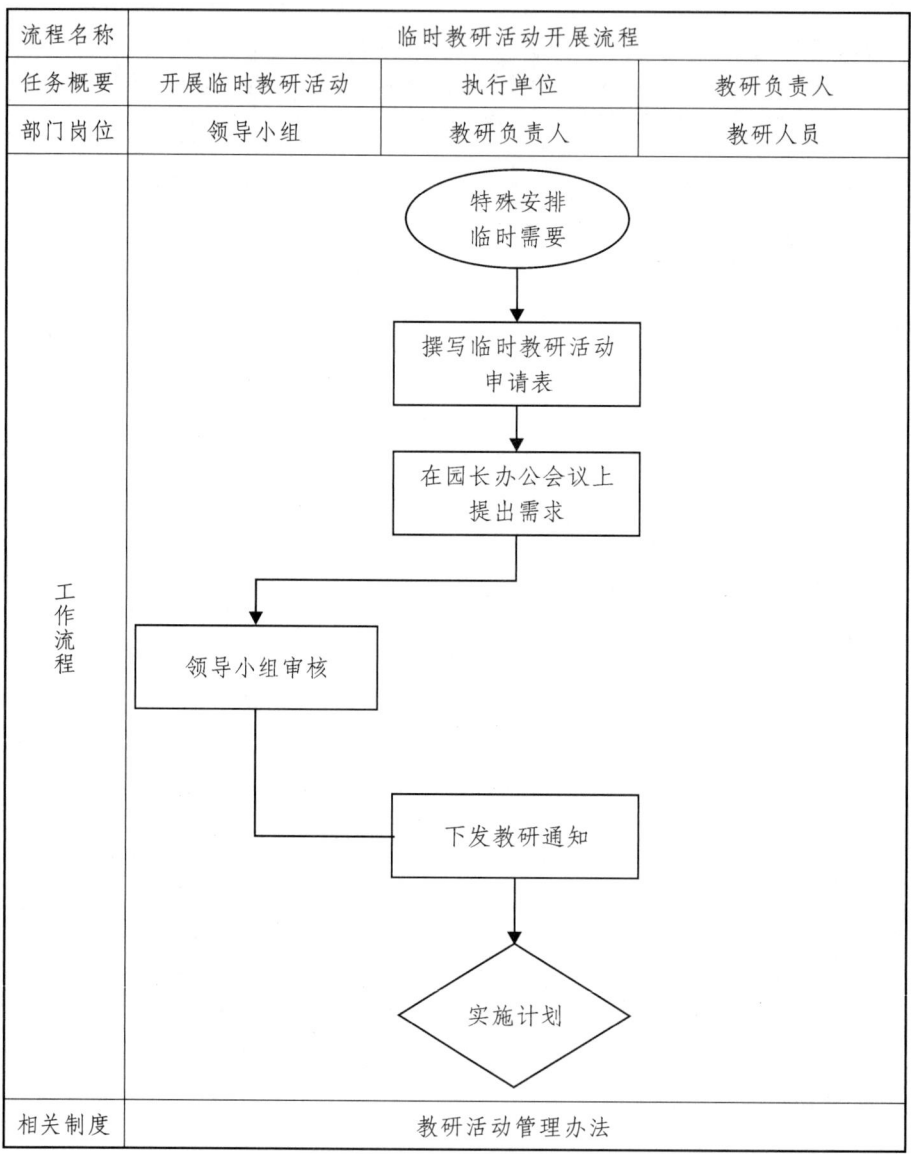		
相关制度	教研活动管理办法		

附件3：教研组研讨活动设计

设计者（组长）：　　　　　　　　　　　日期：

主题来源	1. 园本课程的需要 2. 管理人员巡班或检查确定 3. 教师提出的普遍性问题
目标或预计 解决的问题	
预计开展日期	
活动内容 及形式	
活动准备	
活动流程	
需要提供的帮助	
活动的延伸 及跟进	
小结及反思	

附件4：关于开展教研活动的通知

各_____教研组成员：

　　为了_____（目标或预计解决的问题），_____教研组将于_____月_____日于_____（地点）开展_____（第几周教研活动、教研活动名称）。本次活动以_____形式开展，请各位教研组成员做好以下准备：

（1）……

（2）……

本次活动的流程为：

（1）……

（2）……

请各教研组成员做好教研活动准备，并准时出席。

_____教研组

日期：

附件5：教研活动备课记录

时间		组织者	
主题			
活动目的			
活动重点			
活动内容			
意见建议			

附件6：教研活动过程记录

时间		组织者	
主题			
活动过程			
效果评价			

附件7：教研活动签到表

参会人员：_____教研组成员　　　　　　　日期：

序号	岗位	签名	联系方式	备注

附件8：教研活动评价表

园区			教研组名称			
教研主题						
评价项目		评价要点		评价等级		
				好	一般	差
教研主题		研讨主题有价值，体现教师当下需求				
教研过程	组员	1. 善于倾听成员交流				
		2. 大胆表达自己的感受				
	组长	1. 预先告知，准备充分				
		2. 善于调动全体成员参与研讨				
		3. 在研讨过程中有独到见解				
		4. 关注交流过程中生成的问题				
		5. 及时梳理、归纳和总结				
		6. 组织形式有利于研讨				
	有效性	1. 问题是否展开讨论				
		2. 思想是否碰撞				
教研结果		1. 目标的达成度				
		2. 是否为日常工作提供操作指引				
		3. 是否对教研组成员产生影响				
教研心得体会（侧重撰写自身的想法、教研活动对自身的启发等，不少于150字）						

第三节 评优活动管理

一、班级环境评比管理办法

第一条 基于"以儿童发展为本"的理念，围绕尊重、开放、多元、互动四个要点，遵循"让每一堵墙都表情达意""让每一个地方都传递文明"的环境创设原则，现结合相关文件精神及幼儿园实际情况，特制定班级环境评比管理办法。

第二条 建立班级环境评比领导小组，组长为园长、副组长为副园长、组员为业务主管及各班班主任。

第三条 每学期开展2次班级环境评比。原则上，每学期初及学期末各开展1次。

第四条 班级环境评比评委小组由业务主管牵头，园区全体行政人员、各班班主任为评委。

第五条 业务主管负责班级环境评比方案的制订、各类评比物品的准备以及评选现场的组织。

第六条 班级环境创设应符合幼儿的年龄特点、身心发展水平、兴趣、能力。

第七条 班级墙体环境创设应与本班教育内容及主题有关，布局合理，色调和谐。原则上，不超过3种颜色且富有童趣。班级环境布置要与幼儿视线平行，限高1.2米，要具有可操作性。

第八条 公共区域环境要具有较强的教育性、思想性和艺术性，根据幼儿园课程的特点，创设不同的环境。公共区域环境的创设要尽可能地体现出多元化信息、能力经验、智力因素与非智力因素。

第九条 设置区域时，要保证小班有5个以上区域，中、大班有5～8个区域。班级区域创设应具有针对性、灵活性，保证动静分开，且各区域光线充足，各区域间畅通无阻。

本办法最终解释权归幼儿园园务委员会。

附件1：班级环境评比活动流程

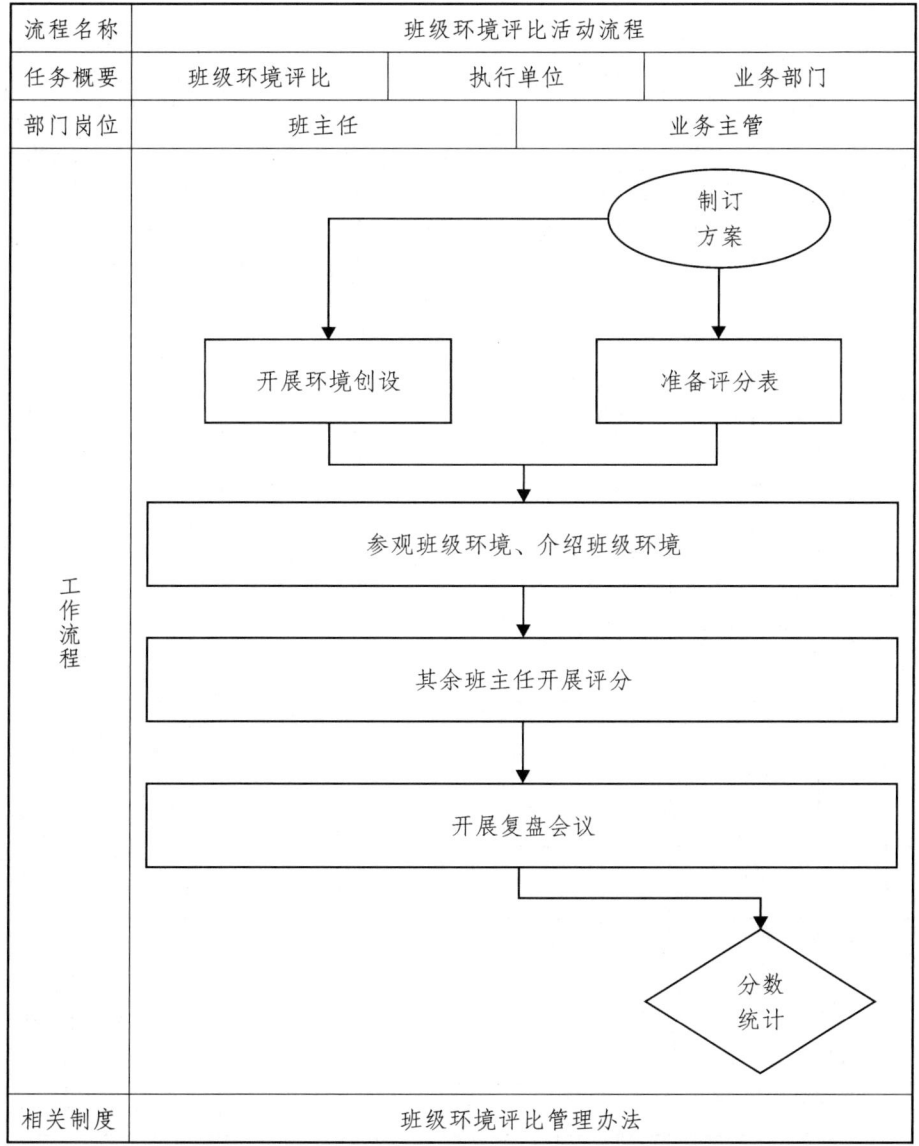

附件2：主题墙创设评比标准

班级	内容					合计得分(50分)
	1.体现各领域整合及相互关联的理念(5分) 2.融合审美、教育价值于一体，创设内容能丰富幼儿认知(5分)	1.充分体现主题墙创设的目标及思想(6分) 2.主题墙的每个板块有相关的文字说明或插图等明显标志(4分)	1.主题墙的平面型布置与立体型布置要有机结合(4分) 2.能够彰显班级个性及特色(6分)	1.与区角、实践、节日、季节等相结合(5分) 2.材料丰富、形式多样，能根据各种材料的质地及特点巧妙利用(5分)	1.以幼儿创设为主，教师参与创设为辅(5分) 2.有家长的参与，能充分地与家庭互动(5分)	

附件3：区角创设评比标准

班级	内容					
	1.区角设置符合各年龄段特点（5分）2.区角设计大气、美观，区域大小适中、动静分开（5分）	1.区角设计能很好地与主题相结合（7分）2.操作材料的摆放高低适中，方便幼儿取放、使用（3分）	1.区角操作材料丰富、具有层次性，符合区角创设的目标（6分）2.数量足够本班幼儿使用（4分）	1.操作材料环保卫生、安全耐用、美观（2分）2.有学习价值（2分）3.能引起幼儿操作探究兴趣（3分）4.有创意并能结合现有资源进行创新（3分）	1.区角标志及进区卡美观，符合幼儿的认知水平，方便幼儿理解（5分）2.进区卡或标志设计灵活、方便操作（5分）	合计得分（50分）

二、班级早操评比管理办法

第一条 早操是幼儿一日活动的重要环节，对幼儿基本动作、体质、协作能力、音乐感受能力的发展都有重要的作用。为了以愉悦轻松的活动氛围、灵活多样的活动形式激发幼儿参与早操活动的兴趣，增强幼儿的团队精神及集体荣誉感，现结合相关文件精神及幼儿园实际情况，特制定班级早操评比管理办法。

第二条 建立班级早操评比领导小组，组长为家委会执行主席、副组长为家委会组织部部长、组员为家委会成员。

第三条 每学期开展1次班级早操评比。原则上，上学期为早操展示活动，下学期为早操评比活动。

第四条 班级早操评比评委小组由家委会执行主席牵头，各班级家委会成员为评委。

第五条 业务主管负责班级早操评比，家委会执行部部长协助业务主管负责各类评比物品的准备以及评选现场的组织。

第六条 评比活动开展前，各班级须根据本班幼儿的年龄特点及基本情况编排早操，早操环节应包含入场式、队列练习、器械操节、游戏以及放松活动。

第七条 小班以徒手操、哑铃操为主，中、大班须渗透篮球技能。

第八条 评分总分为100分，取评委评分（去掉最高分和最低分）的平均分作为评选结果。

第九条 评比活动设班级一等奖、二等奖、三等奖及优秀奖，面向教师设优秀领操员评选。

本办法最终解释权归幼儿园园务委员会。

附件1：班级早操评比评分表

班级	早操编排要求（50分）				教师要求（30分）			幼儿要求（20分）		合计得分（100分）
	展示有特色,动作编排科学、合理、全面,动作美观,富有趣味性（15分）	运动量适当,能根据幼儿身体发展及运动特点早操编排强度、密度适中（15分）	音乐节奏明快,充满童趣,能激发幼儿兴趣（10分）	队伍整齐,进场有序,队形变化合理（10分）	着装整洁、大方、便于运动,能用体态语言与幼儿交流、互动,感染力强（10分）	精神饱满,动作准确、熟练、有力量感,面向全体并关注个别幼儿,能根据活动中出现的情况进行指导（10分）	保教人员分工明确,配合主动、默契,随时关注幼儿冷热,帮助幼儿增减衣物等（10分）	服装统一、幼儿队列整齐、精神饱满、情绪积极、注意力集中、参与率高（5分）	能听从音乐和口令,动作完成度好（小班：基本正确、到位；中班：正确、整齐；大班：规范、有力）（10分）	器械取放有序,不拥挤,能正确利用器械做早操,出场、退场有序（5分）

附件2：班级早操评比领操员评分表

班级	指挥能力（40分）队伍调整合理、手势明确、口哨洪亮清晰	示范动作（40分）动作准确到位、节奏感强、协调有力	仪表（20分）服装合适，仪表端庄、自然，精神面貌良好	合计得分（100分）

意见与建议：

三、优秀班级评选办法

第一条 为进一步加强班级工作建设,调动班级工作积极性,促进幼儿全面发展,尽可能真实反映班级工作成效,增强班级考评的客观性,从而有效提高班主任在班级工作中的预见性、针对性、实效性,增强班集体的凝聚力,激发班集体的竞争意识,全面提高班级的管理水平,现根据幼儿园实际情况,特制定优秀班级评选办法。

第二条 成立优秀班级评选领导小组,组长为园长、副组长为副园长、组员为园级行政人员。

第三条 优秀班级评选遵循公平、公开、公正的原则,由评选领导小组进行考察考核。

第四条 评选内容。

1. 基础情况

(1)考勤考纪。幼儿出勤:幼儿每月达到平均出勤率(小班85%、中班88%、大班92%)。教师出勤:教师无早退、迟到现象,请事假或病假不超过14天/学年(特殊病情另行处理),每学年教师出勤率须达到应出勤率的80%。

(2)物品管理。精心管理班级物品,无遗失与严重损坏现象。班内物品摆放有序,使用规范,无忘记关电、关水情况。

(3)家长工作。每周定期更新、发放家园联系手册,定期上传班级相册。家长参与活动率均在90%以上。家长评议好,每学年家长有效投诉不超过1次。

2. 周文明先进班级评选情况

申报班级必须每学年获得16次"文明先进班级"称号。

3. 学期末体能测查情况

申报班级学期末体能测查各项目达标率达到评优标准。第一学期测查项目总达标率不低于90％，第二学期测查项目总达标率不低于95％。

4. 安全及卫生保健情况

本学年内，申报班级未发生任何重大安全事故。同时，班级无卡接送情况累计不超过16次。

5. 特色班风

（1）班风建设。班级氛围积极向上，团结和谐，相处融洽，展现出幼儿园的精神、班级的风采。有明确的班级奋斗目标，有可行的班级管理办法。班级内外环境布置能充分体现教育性、儿童性、季节性、科学性，能根据教育需要及时更换，真正做到促进幼儿的发展，营造温馨的氛围。

（2）特色活动。能按照一日活动作息时间表组织各类活动，准备工作充分，幼儿主动积极参与活动。定期开展主题特色活动、节日专题活动等，活动有成效。

（3）所获奖项。视情况经行政会议讨论进行加分。

第五条 评选办法。符合条件的班级在规定的时间内自愿上交优秀班级申报表及证明材料。评选领导小组根据评选申报情况进行评审，评审后在园内进行公示，如无异议，则通过评审。

本办法最终解释权归幼儿园园务委员会。

附件1：优秀班级评选流程

流程名称	优秀班级评选		
任务概要	优秀班级评选	执行单位	领导小组
部门岗位	领导小组	教研组长	教研组成员
工作流程	评审申报材料 → 公示结果 → 发放奖励	汇总上交材料	发布申报方案 → 详阅方案条件 → 填写申报表准备证明材料
相关制度	优秀班级评选办法		

附件2：学年优秀班级申报表

日期：

园区		班级		电话号码	
任务及成果（　　学年）					
序号	维度	必达项目			完成情况
1	考勤考纪	达到幼儿平均出勤率（小班85%、中班88%、大班92%）或以上			
		教师无早退、迟到现象，请事假或病假不超过14天/学年（特殊病情另行处理），每学年教师出勤率须达到应出勤率的80%			
2	物品管理	精心管理班级物品，无遗失与严重损坏现象			
		班内物品摆放有序，使用规范			
		水电管理：无忘记关电、关水情况			
3	家长工作	每周定期更新、发放家园联系手册，定期上传班级相册			
		家长参与活动率均在90%以上			
		家长评议好，每学年家长有效投诉不超过1次			
4	周文明礼仪先进班级评选	每学年获得16次"文明先进班级"称号			
5	学期末体能测查	学期末体能测查各项目达标率达到评优标准（第一学期不低于90%、第二学期不低于95%）			
6	安全卫生保健	班级未发生任何重大安全事故			
		班级无卡接送情况累计不超过16次			

续上表

7	特色班风	班级各成员自觉遵守幼儿园各项规章制度，带头履行岗位职责	
		班级氛围积极向上，团结和谐，相处融洽，展现出幼儿园的精神、班级的风采	
		班级本学年所获奖项统计	
班级成员签名			
部门推荐意见			
幼儿园意见			

注：证明材料粘贴在背面，复印件需要签名。

四、文明先进班级评选办法

第一条 为进一步加强班级工作建设，调动班级工作积极性，促进幼儿全面发展，尽可能真实反映班级工作成效，增强班级考评的客观性，从而有效提高班级教师在班级工作中的预见性、针对性、实效性，增强班集体的凝聚力，激发班集体的竞争意识，全面提高班级的管理水平，创造一个井然有序、稳定和谐的教育教学环境，现结合幼儿园实际情况，特制定文明先进班级评选办法。

第二条 本办法适用于幼儿园所有班级。

第三条 奖励办法。班级连续2周全部项目达标可获评优秀，即获评"文明先进班级"，获得流动红旗，奖励班主任2张补休纸，奖励其他班级成员1张补休纸。园区连续2周半数以上班级被评为"文明先进班级"，奖励其他岗位的脱产人员1张补休纸（评选周每周请假超1天者不予奖励，行政人员暂不参与）。

第四条 根据园内教育发展实际，并借鉴原有奖励的经验，文明先进班级评选工作采用关键指标考核法，内容合计包括10项关键指标。

1. 安全工作

本周班级未发生安全意外事故，班级家长未出现无卡接送幼儿情况。按时开展安全教育平台专题活动，每周定时发送周末安全提醒。

2. 卫生保健

洗手间及时清洁，整洁、干净、无异味，卫生评比达85分以上。班级按要求开展垃圾分类活动，按要求执行午睡值班工作。

3. 考勤考纪

每周平均出勤率为小班85%、中班88%、大班92%。教师按时到岗，无早退、迟到、旷工现象，请假按流程提前申请（评选周每周请假超 1 天者不予奖励）。

4．物品管理

班级物品摆放整齐有序，使用规范，无遗失与严重损坏现象。无忘记关电、关水情况。

5．家长工作

家长评议好，每学年家长有效投诉不超过 1 次。家长参与活动率每次在 90% 以上。每周定期更新、发放家园联系手册，每周五 17：00 前在班级相册上传周计划、幼儿活动剪影。

6．班级管理

教师能根据季节天气的变化及时提醒幼儿增减衣物，补充饮水。按标准上传各类计划、资料等，各项活动按时按计划实施。班级氛围积极向上，团结和谐，相处融洽，能展现班级的风采、幼儿园的精神。教师按要求参加培训和教研活动，不迟到、早退，不无故缺勤。按标准组织进餐活动（播放进餐音乐、佩戴口罩等）。

7．师德礼仪

具有良好的文明礼仪行为举止，积极主动与别人打招呼。幼儿、教师按要求穿园服。教师衣着大方得体，裙裤过膝，不留长指甲、不披头散发，未出现影响团队氛围、幼儿园声誉的行为。

8．资料收集

每周四 14：30 前上交周计划，每周五 14：30 前上交教案、观察记录、教育故事、日计划等资料。

9．班级表格

每周一 17：00 前完成安全自查表，每周二 17：00 前完成班务会议记录，其他表格当天完成。

10. 区域管理

每天上班后及下班前要检查所负责区域材料的摆放是否有序、破损的材料是否需要补充。确保每个区域都能正常地开展相关活动。

第五条 评选程序。考核组由行政管理人员组成。关键指标第1、2、3、4、10项为后勤组评分内容，由后勤主任于每周五下班前完成评分，交给保教主任汇总。关键指标第5、6、7、8、9项为业务组评分内容，由业务主管于每周五下班前完成评价并汇总好全部评分结果发到行政群。

第六条 每周六18：00前为评选意见反馈时间，18：00后确定最终结果。次周周一9：00前由园务办公室公布评选结果。

本办法最终解释权归幼儿园园务委员会。

附件1：文明先进班级评选流程

流程名称	文明先进班级评选		
任务概要	评选文明先进班级	执行单位	业务部门
部门岗位	业务主管	后勤主管	领导小组
工作流程	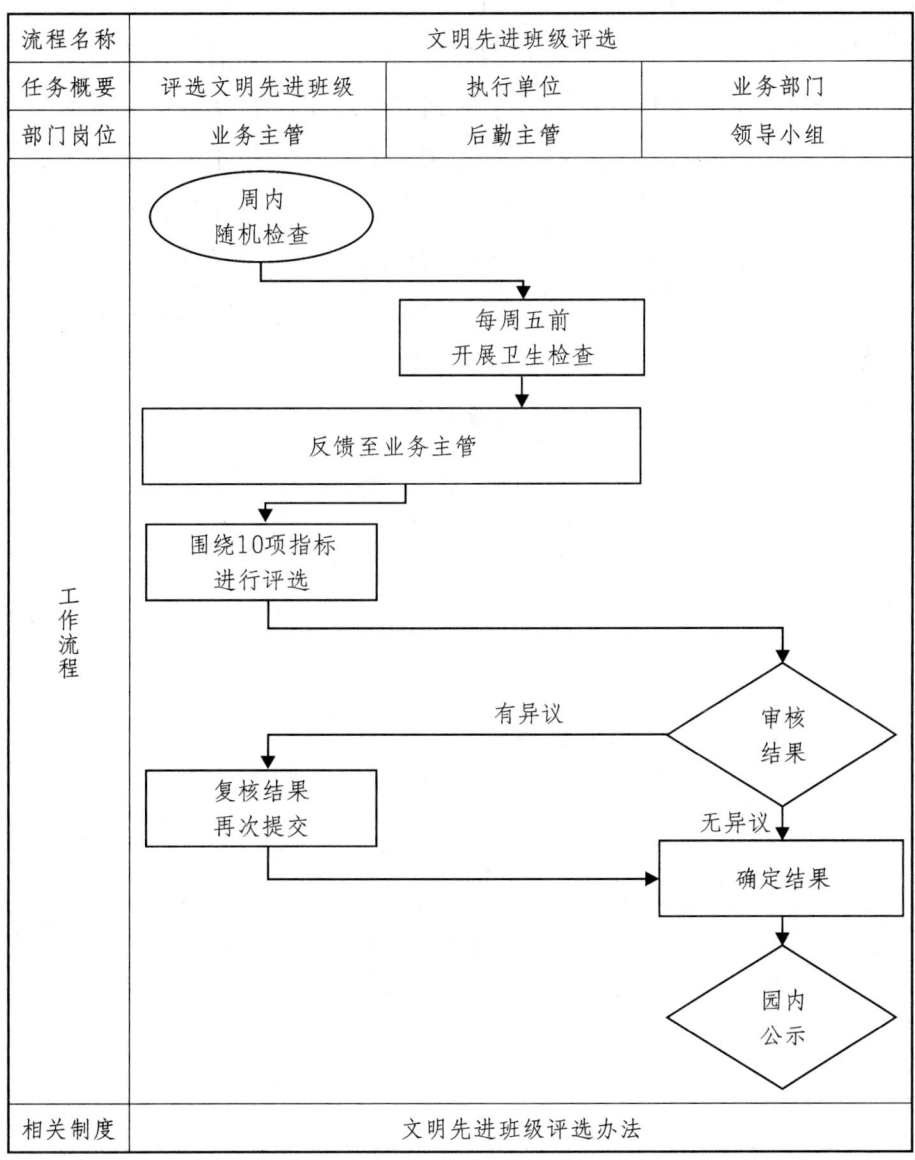		
相关制度	文明先进班级评选办法		

附件2：文明先进班级评选指标及标准

序号	关键指标	奖励标准	达标	不达标	备注
1	安全工作	本周班级未发生安全意外事故			
		班级家长未出现无卡接送幼儿情况			
		按时开展安全教育平台专题活动，每周定时发送周末安全提醒			
2	卫生保健	洗手间及时清洁，整洁、干净、无异味，卫生评比达85分以上			
		班级按要求开展垃圾分类活动			
		按要求执行午睡值班工作			
3	考勤考纪	每周平均出勤率为小班85%、中班88%、大班92%			
		教师按时到岗，无早退、迟到、旷工现象，请假按流程提前申请（评选周每周请假超1天者不予奖励）			
4	物品管理	班级物品摆放整齐有序，使用规范，无遗失与严重损坏现象			
		无忘记关电、关水情况			
5	家长工作	家长评议好，每学年家长有效投诉不超过1次			
		家长参与活动率每次在90%以上			
		每周定期更新、发放家园联系手册，周五17：00前在班级相册上传周计划、幼儿活动剪影			

续上表

序号	关键指标	奖励标准	达标	不达标	备注
6	班级管理	教师能根据季节天气的变化及时提醒幼儿增减衣物，补充饮水			
		按标准上传各类计划、资料等，各项活动按时按计划实施			
		班级氛围积极向上，团结和谐，相处融洽，能展现班级的风采、幼儿园的精神			
		教师按要求参加培训和教研活动，不迟到、早退，不无故缺勤			
		按标准组织进餐活动（播放进餐音乐、佩戴口罩等）			
7	师德礼仪	具有良好的文明礼仪行为举止，积极主动与别人打招呼			
		幼儿、教师按要求穿园服			
		教师衣着大方得体，裙裤过膝，不留长指甲、不披头散发			
		未出现影响团队氛围、幼儿园声誉的行为			
8	资料收集	每周四14：30前上交周计划，每周五14：30前上交教案、观察记录、教育故事、日计划等资料			
9	班级表格	每周一17：00前完成安全自查表，每周二17：00前完成班务会议记录，其他表格当天完成			

续上表

序号	关键指标	奖励标准	达标	不达标	备注
10	区域管理	每天上班后及下班前要检查所负责区域材料的摆放是否有序、破损的材料是否需要补充			
		确保每个区域都能正常地开展相关活动			

第四节　活动组织管理

一、方案制订与实施制度

第一条　为提高工作效率，保障幼儿园的保教质量，现结合幼儿园实际情况，特制定方案制订与实施制度。

第二条　方案制订要从幼儿园的实际情况出发，切实可行。

第三条　方案中提及的时间、地点、人员、事项、形式等要素，须通过活动时间、活动地点、活动参与对象、活动主题、活动形式等一一体现。

第四条　确定参与人员后，须明确各工作人员分工，合理安排每个人的工作内容。

第五条　在方案制订过程中，须对活动中需要的费用进行预算。

第六条　为保证活动的顺利开展，必须制订安全预案。

第七条　如组织大型活动或者对外开放活动，制订的方案必须经过多次研讨与修订。在方案实施的过程中还要设置时间倒推表进行彩排，从而保证方案的顺利实施。

第八条　活动方案一经最终发布，相关人员须按方案安排实施。如遇特殊情况，须及时与方案负责人进行沟通，由负责人对活动安排进行适时调整。

本制度最终解释权归幼儿园园务委员会。

附件：活动方案模板

　　　　　　　　　_____活动方案（方正小标宋_GBK 2 号字，居中）

　　一、设计意图（黑体，4 号字）

　　方案类型 A：为了贯彻立德树人_____，进一步落实《_____》（文件名称）》系列文件精神，按《_____（上级文件）》相关要求，为积极响应《_____（活动文件）》，现结合我园实际情况，_____（活动主旨目标），特制订本活动方案。（仿宋，4 号字）

　　方案类型 B：为进一步_____（活动主旨目标），贯彻落实幼儿园五年发展规划、学年度活动计划表、行事历，现结合我园实际情况，特制订本活动方案。（仿宋，4 号字）

　　二、活动主题（黑体，4 号字）

　　_____（仿宋，4 号字）

　　三、活动形式（黑体，4 号字）

　　_____（仿宋，4 号字）

　　四、活动目标（黑体，4 号字）

　　1. _____（仿宋，4 号字）

　　2. _____（仿宋，4 号字）

　　3. _____（原则上，活动目标可囊括认知、情感、技能目标；仿宋，4 号字）

　　五、活动时间与地点（黑体，4 号字）

　　_____（仿宋，4 号字）

　　六、活动参与对象（黑体，4 号字）

　　_____（仿宋，4 号字）

　　七、活动人员分工（黑体，4 号字）

　　活动策划：_____（仿宋，4 号字）

　　活动指导：_____（仿宋，4 号字）

　　活动负责人员：_____（按各类活动具体需求安排工作人员；仿宋，4 号字）

续上表

八、活动安排与要求（黑体，4号字） 1. ＿＿＿＿＿＿（仿宋，4号字） 2. ＿＿＿＿＿＿（仿宋，4号字） 九、活动具体流程（黑体，4号字） 1. ＿＿＿＿＿＿（仿宋，4号字） 2. ＿＿＿＿＿＿（仿宋，4号字） 3. ＿＿＿＿＿＿（仿宋，4号字） 十、活动温馨提示（黑体，4号字） ＿＿＿＿＿＿（仿宋，4号字） 十一、活动经费预算（黑体，4号字） ＿＿＿＿＿＿元（仿宋，4号字） 十二、安全预案（黑体，4号字） ＿＿＿＿＿＿（仿宋，4号字） 十三、活动复盘与归档（黑体，4号字） ＿＿＿＿＿＿（仿宋，4号字） ＿＿＿＿＿＿幼儿园（仿宋，4号字） ＿＿＿年＿＿＿月＿＿＿日（仿宋，4号字）

二、工作复盘管理办法

第一条 为进一步加强对我园各项工作及活动的管理，及时发现工作与活动中的问题，总结工作及活动经验，从而进一步优化细节与流程，提升团队业务能力，现结合幼儿园发展规划的相关要求，特制定工作复盘管理办法。

第二条 复盘原则。

对事不对人：以事实说话，实事求是。

尖锐不刻薄：以开放心态，坦诚表达。

表述不转弯：应知无不言，言无不尽。

反思不浅薄：应反思自我，深入分析。

复盘不僵硬：应寻找问题，归纳经验。

第三条 复盘管理。

复盘人/主持人：园级行政人员、活动主要负责人、部门主管。

参与人：活动工作人员、活动参与者。具体参与者以复盘人通知为准。

复盘时间：应在活动结束后48小时内召开复盘会议（特殊情形另行处理），复盘人需要及时向园长办公会议汇报复盘结果。

复盘准备：每一名复盘会议的参与者都应在会议前对复盘内容进行思考，并做好相关记录。

第四条 复盘步骤与内容。

1. **复盘人做整体活动回顾**

目标回顾：当初的目标是什么，期望的结果是什么？最重要的目标是什么？完成目标的计划是什么？为完成目标和计划采用了哪些相应的资源？

结果对比：与目标相比，哪些地方做得好？哪些地方需要改进？原本的目标和最终的结果是否相符？

2. **各参与人员叙述过程与自我剖析**

描述计划执行过程，以及为完成目标所采取的措施；对不足之处进行反思与分析，明确可控及不可控因素；提出接下来优化目标、调整计划、配置资源的举措。

3. 各参与人员设问讨论

各参与人员就复盘人、其他参与人员的描述和分析进行提问与追问，探究出现问题的本质原因。

4. 复盘人总结经验

本次活动我们学到了什么？接下来在哪些方面需要优化？明确哪些是需要立即开展的？哪些是不能开展的？哪些是需要保留的？本次总结的经验是否能够复制？

5. 复盘归档

复盘人对复盘工作进行总结，形成活动小结文档，并于次周周一的园长办公会议上进行活动反馈与小结。

本办法最终解释权归幼儿园园务委员会。

附件1：活动复盘流程

流程名称	活动复盘		
任务概要	活动复盘	执行单位	活动负责人
部门岗位	活动复盘人/主持人		活动参与人
工作流程	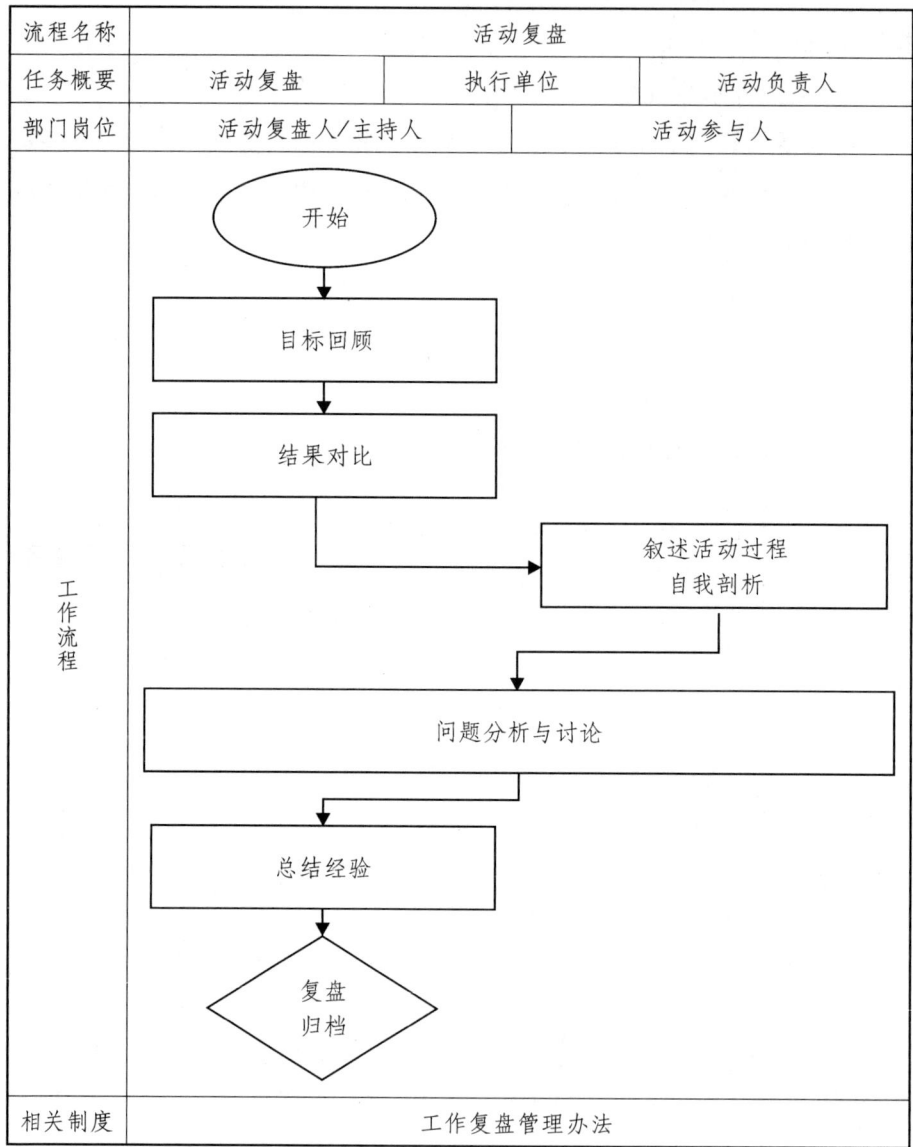		
相关制度	工作复盘管理办法		

附件2：活动复盘记录表

第一步 回顾目标	当初的目的是什么？ 最重要的目标是什么？ 阶段性的目标是什么？ 目标设定是否合适？ 是否存在潜在的目标？	第二步 结果对比	与目标相比，哪些地方做得好？ 哪些地方需要改进？ 原本的目标和最终的结果是否相符？
第三步 分析原因	哪些因素导致失败？ 根本原因是什么？ 外部因素如何影响了结果？ 内部因素如何影响了结果？ 哪些因素是可控的？ 哪些因素是不可控的？ 什么因素是最重要的？ 针对以上因素，如何解决？	第四步 总结经验	我们学到了什么？ 接下来可以在哪些地方改进？ 我们是否能够继续运用相关经验？ 哪些是我们现在要做的？ 哪些是我们不能再做的？ 哪些是我们需要继续保持的？

三、听课评课管理办法

第一条 为推动听课评课活动的进一步开展,形成相互学习、相互促进、相互提高的教研氛围,提高教育教学艺术,鼓励教师努力提高保教质量,从而提高教师队伍的整体素质,特制定听课评课管理办法。

第二条 园长、业务主管、教研组长、教师根据幼儿园工作安排,每学期均应参加听课活动。

第三条 听课前,各听课人员应认真熟悉活动内容,以便听课时抓住重点和关键。教师如因听课需要调整班级上课时间,相关教师应当给予帮助。

第四条 凡在幼儿园内开展的公开活动,空班教师应尽量参加听课,本教研组成员必须参加听课。

第五条 园领导听课可不事先通知,随时到教室听课,同时检查执行过程与计划是否相符,听课后园领导认为教学效果不理想的,业务主管和教研组长要实行跟踪听课及指导,帮助相关教师进行改进。

第六条 教师个人听课可自行联系安排,听课时要认真撰写听课记录,留心观察,做到听、看、记、思有机结合。

第七条 听课以后,各教研组要及时组织评审。评课时先由执教者自我评分,找出优点与不足之处,促使执教者加强对自己课堂教学的反思,激发其改进教学的内在动力。听课教师要有认真负责的态度,善于发现执教者讲课中的优点,充分肯定。本着实事求是的原则,提出中肯的意见和建议,建议要有深度和针对性。

第八条 教研组长对本组教师听课情况进行考勤,业务部门、教研组于学期末收齐教师的听课记录，对听课情况进行检查评价，评价结果纳入学期考核指标内。

本办法最终解释权归幼儿园园务委员会。

附件1：听课记录表

活动时间		活动地点	
活动名称		执教者	
活动形式		评价者	
活动准备			
活动过程			
活动评价			

附件2：评课记录表

时间：_____年_____月_____日

执教者：_____　　班级：_____　　评价者：_____

今天我听的是一节_____领域的教学活动，核心价值是：_____。_____的活动类型有：_____。其中_____类的又包括：_____。

今天的活动属于_____。该活动的目标是：_____。

一、活动流程

1. 设计意图。
2. 活动目标，包括以下三个维度。

(1) 面（知识、技能、情感）。

(2) 主体（以幼儿为主体）。

(3) 操作性。

二、活动准备

1. 经验的准备。
2. 材料的准备。
3. 环境的准备。

其中，经验准备包括幼儿相关经验准备和教师知识经验准备。

三、活动过程

四、活动延伸

今天执教者在活动中用_____达成目标。

今天的最大亮点是_____。

可以在_____。

四、升降国旗工作标准

第一条 五星红旗是中华人民共和国的标志与象征,升降国旗是对教师和幼儿进行爱国主义教育的重要形式。根据教育部《关于施行〈中华人民共和国国旗法〉严格中小学升降国旗制度的通知》要求,现结合我园实际情况,特制定升降国旗工作标准。

第二条 本工作标准适用于幼儿园关于升降国旗的相关事宜及相关人员。

第三条 全园教师和幼儿应充分认识到升降国旗的严肃性。

第四条 原则上,除节假日、寒暑假外,每周一早上8:50举行升旗仪式。

第五条 如因其他特殊情况不能如期开展升旗仪式,经部门负责人及园级行政人员审批后,可取消当天升旗仪式。

第六条 周一升旗仪式由幼儿园业务部门统一安排,并由升旗小组组织实施。

第七条 升旗小组幼儿代表遴选须经中、大班教师推荐,升旗小组指导教师考察,行政小组审核批准,方可成立。

第八条 升旗仪式程序。

1. 全体肃立,升旗小组出旗

全体教师和幼儿面向旗杆站立,出旗教师右手擎国旗(旗杆部分贴在右胸前),两名升旗手在出旗手两侧,小旗手列队在后。齐步走到旗杆旁,出旗教师将国旗授给升旗手,一人接旗,一人托旗,教师扣紧旗杆扣,做好升旗准备。

2．升国旗，奏唱国歌，全体行注目礼

升旗开始，全体教师和幼儿面对国旗立正，行注目礼，同时唱国歌。升旗时，场外人员也应驻足行注目礼。

3．小旗手做自我介绍

升旗礼结束，升旗手回到小旗手队列。小旗手面向全体教师和幼儿，逐一进行自我介绍。

4．小旗手队列退场

5．国旗下讲话

国旗下讲话由业务部门按班级轮周安排。国旗下讲话时，讲话者须服装整齐，有讲话稿，讲话简短而主题突出，教育性要强。

第九条 升降国旗的全过程要认真严肃地对待，所有在场人员必须肃立致敬，无特殊情况不得缺席。

第十条 如当周因特殊情况未举行升旗仪式，则由保安队长负责于当天早上9：00前完成国旗的升挂工作。

第十一条 原则上，每周六18：00由保安队长完成降国旗的工作。

第十二条 如遇节假日（如国庆节、国际劳动节、元旦、春节等），具体升降国旗工作按上级相关文件要求执行。

第十三条 国旗降下后，应妥善整理并放置于指定位置。保安队长应检查国旗是否破损、污损，检查旗杆及升旗设施是否齐全完好。如遇特殊情况，需要及时告知园区后勤主任。

第十四条 如遇恶劣天气，可视情况暂缓升降国旗事宜。

第十五条 不得悬挂破损、污损、褪色或其他不合规格的国旗。

第十六条 任何人员如发现国旗存在破损、裹卷的情况，应及时知会园区后勤主任，后勤主任应及时处理，并采取措施保证国旗升降不受影响。

第十七条 原则上，如遇上级相关规定需要下半旗志哀时，国旗的升降由保安队长负责。下半旗时，应当先将国旗升至旗杆顶部，其后降至国旗顶部与旗杆顶部之间的距离为旗杆全长的三分之一处。国旗降下时，应先将国旗升至旗杆顶部再降下。

本标准最终解释权归幼儿园园务委员会。

附件1：每周晨会暨升旗仪式流程

流程名称	每周晨会暨升旗仪式流程		
任务概要	每周升旗仪式	执行单位	业务部门
部门岗位	小主持人	升旗小组	教师主持人
工作流程	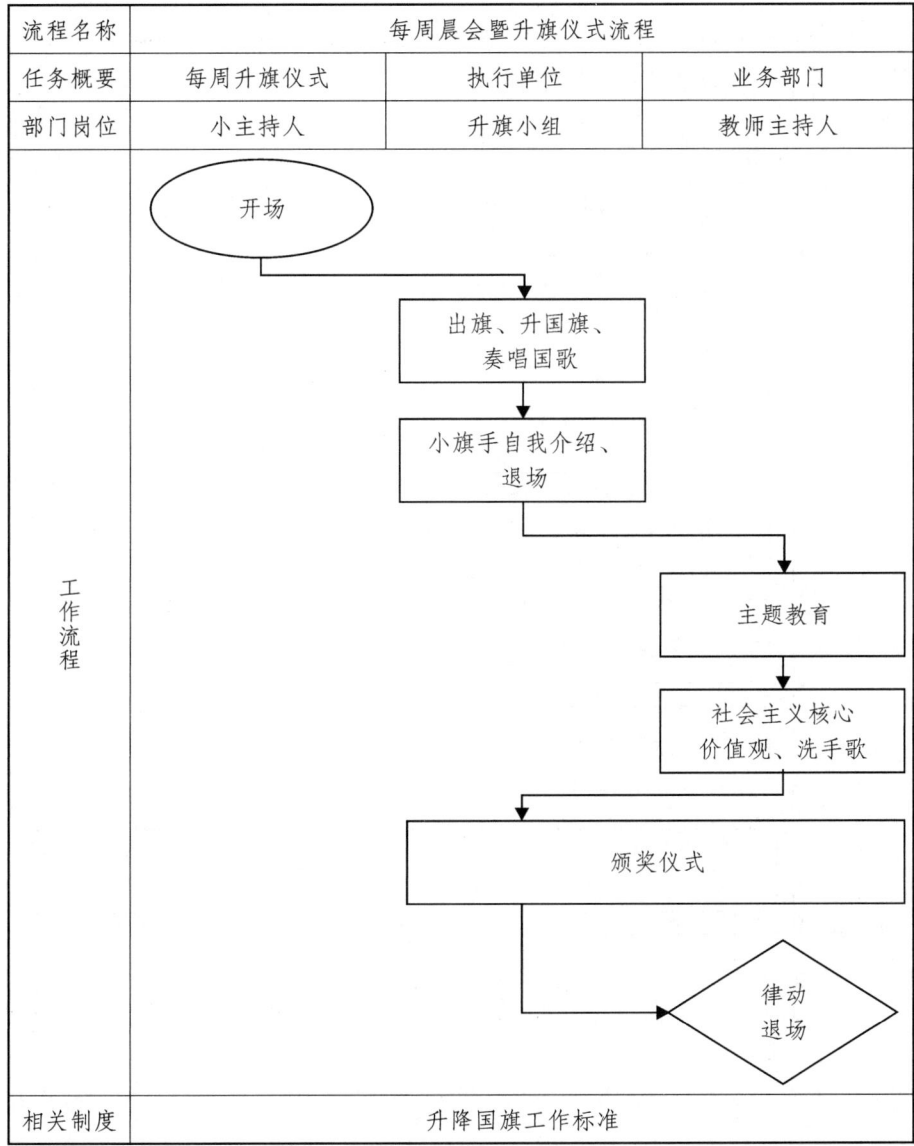		
相关制度	升降国旗工作标准		

附件2：升旗主持流程

流程名称	升旗主持流程		
任务概要	主持升旗仪式	执行单位	小主持人
部门岗位	小主持人		教师主持人
工作流程	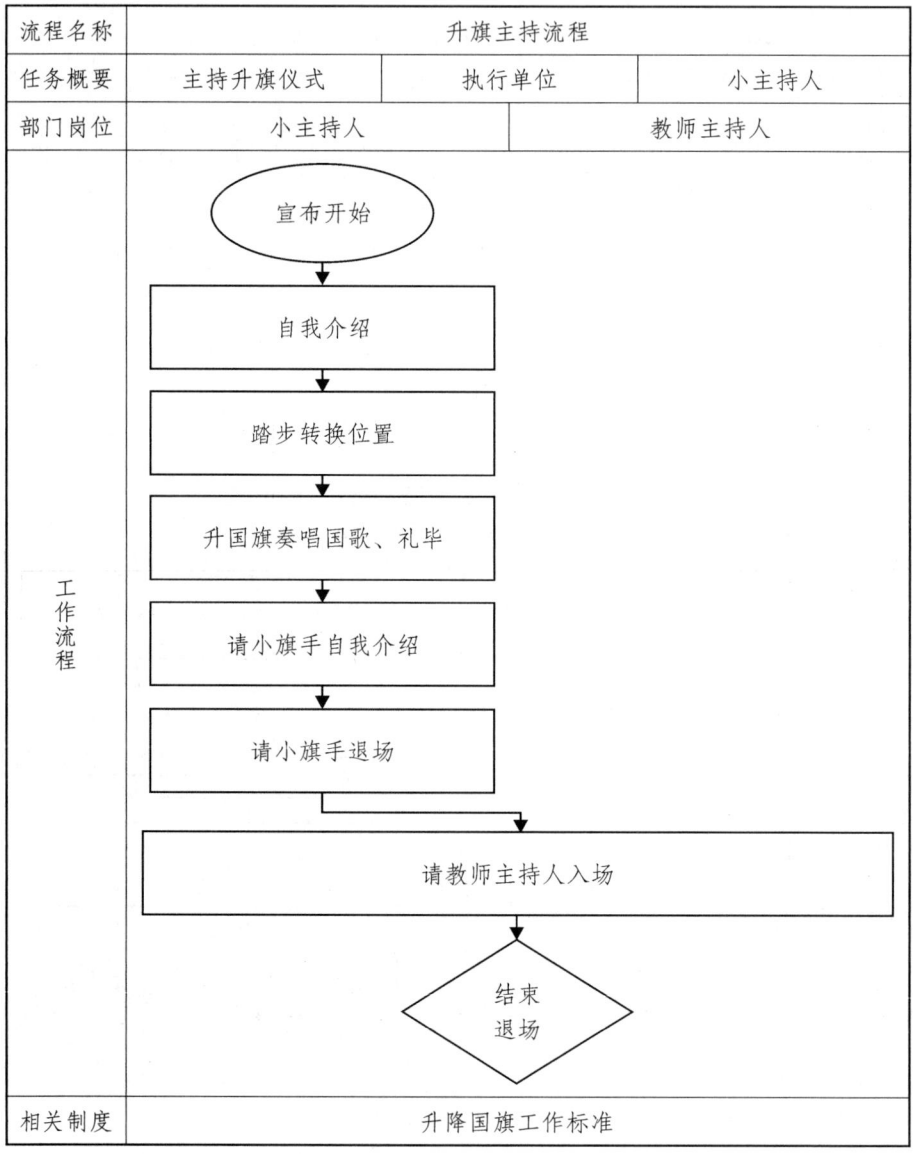		
相关制度	升降国旗工作标准		

附件3：升旗流程

流程名称	升旗流程		
任务概要	升旗小组升旗	执行单位	升旗小组
部门岗位	升旗小组		升旗组教师
工作流程	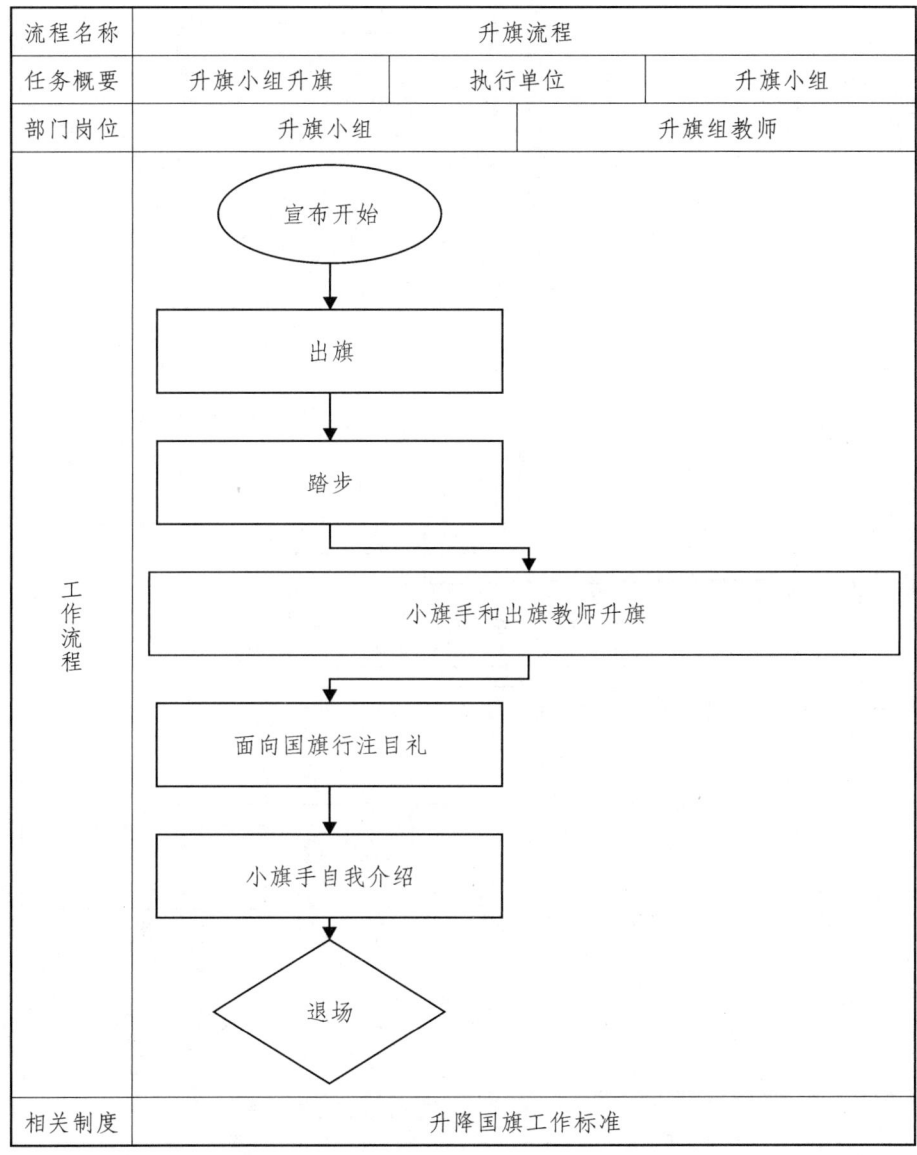		
相关制度	升降国旗工作标准		

附件4：升旗小主持人遴选流程

流程名称	升旗小主持人遴选流程		
任务概要	遴选升旗小主持人	执行单位	业务部门
部门岗位	家长	幼儿	班主任/业务主管
工作流程	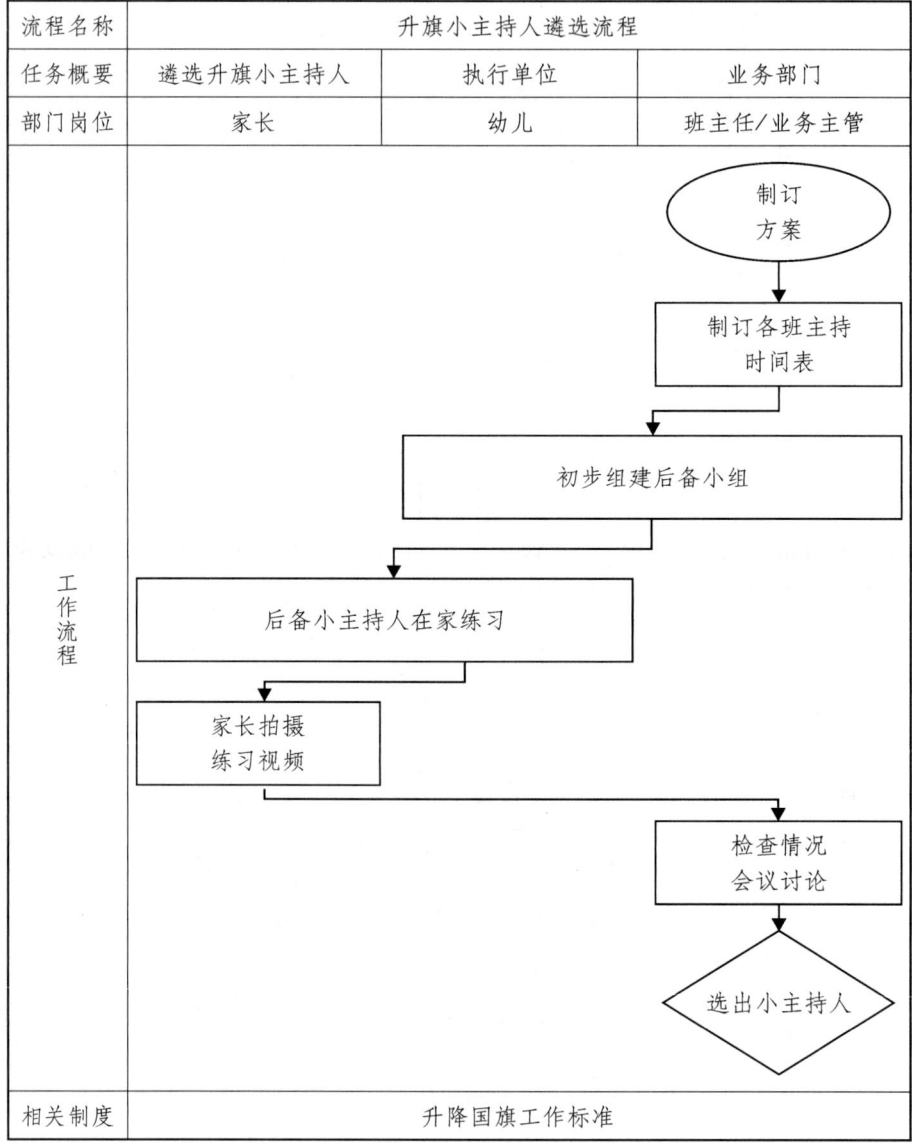		
相关制度	升降国旗工作标准		

五、文明小天使工作标准

第一条 文明礼仪是中华民族的传统美德，也是德育的一个重要组成部分，更是每个人道德修养的外在体现。为了让幼儿从小养成"讲文明、重礼仪"的习惯，也为了发挥幼儿园的德育宣传作用，带动更多的人参与到讲文明、讲礼仪的行列中，特制定文明小天使工作标准。

第二条 文明小天使实行轮换制，以每周一个班的频次进行轮值。当天的轮值时间为7∶50—8∶10，班主任需要在7∶50到达门口为迎接幼儿做准备，迟到的幼儿取消本轮参与机会。

第三条 文明小天使统一穿着礼仪园服，戴上领结，配上白色鞋子，挂上礼仪绶带参与活动。

第四条 每天应有1名家长义工协助孩子参与活动，家长义工应仪表整洁、大方得体，起到示范作用。

第五条 文明小天使需要面带微笑向来园教师、小朋友问好，会使用"老师早上好""小朋友早上好"等礼貌用语。

第六条 在日常活动中，教师要渗透文明礼仪小常识，增强幼儿讲文明、懂礼貌的意识。

本标准最终解释权归幼儿园园务委员会。

附件：文明小天使工作流程

流程名称	文明小天使工作流程		
任务概要	文明小天使工作标准	执行单位	家长及幼儿
部门岗位	幼儿	家长	班主任
工作流程	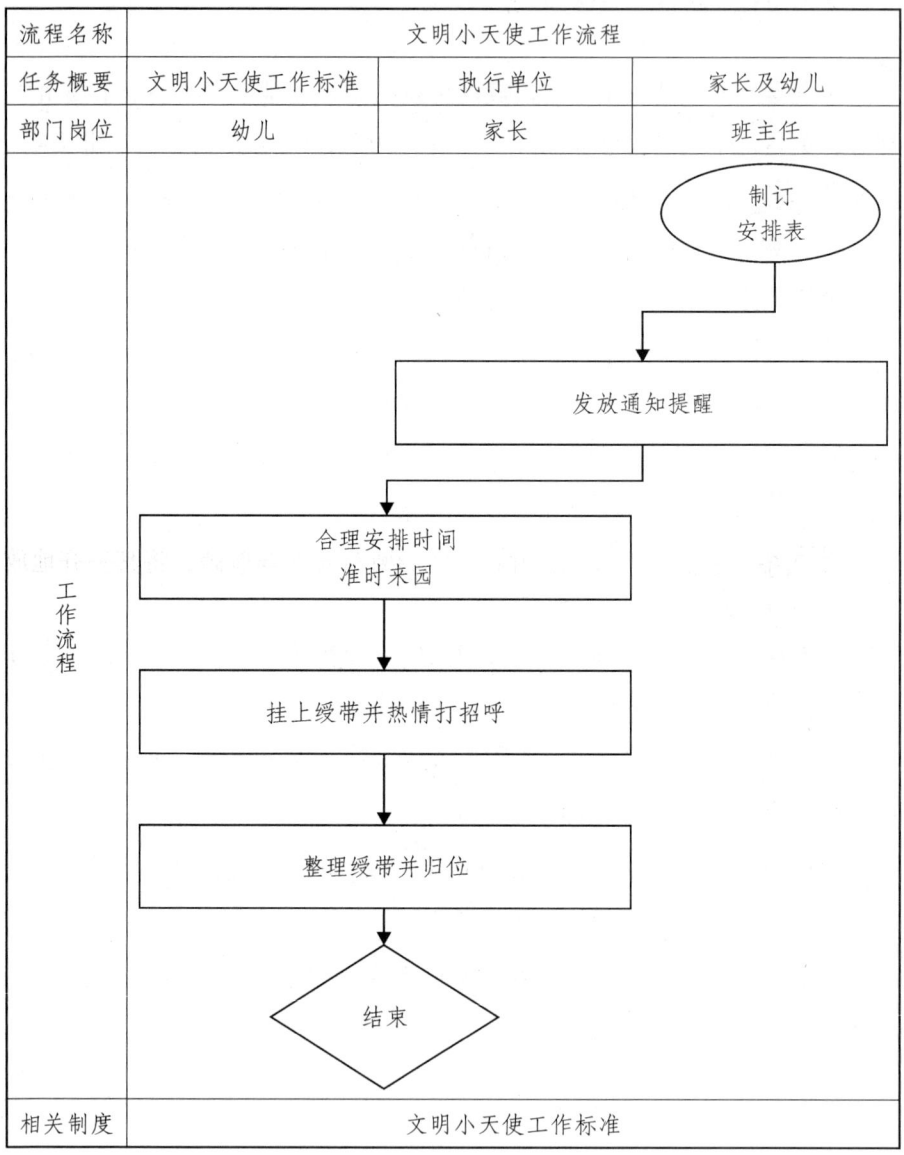		
相关制度	文明小天使工作标准		

六、班级值日生工作标准

第一条 值日生早上来园后自主戴上值日生工作牌，并穿上值日生衣服。

第二条 值日生小组讨论分配任务，任务包括检查洗手、检查饮水、餐前发放纸巾、扫地、拖地、收拾物品等，做到人人有事做，事事有人管。

第三条 盥洗音乐响起后值日生须站到负责检查的区域，认真、仔细地检查每一位幼儿是否按要求做事。比如：洗手时是否采用七步洗手法，没有的话需要提醒同伴重新使用七步洗手法洗手；水杯是否装够水，如装水太少需要提醒同伴多装点水，保证饮水量。

第四条 餐前发放餐具，并按要求整理好抹布与餐碟，将其整齐地放在桌子的中间。

第五条 餐后值日生小组需要配合保育员一起进行清洗、打扫、拖地等，并在餐后到植物角浇花、松土等。

第六条 值日生随时检查课室的卫生情况，地板潮湿应及时拿拖把拖干，地板有垃圾应及时清理。

第七条 每日离园前帮忙收拾物品，如将心情墙、饮水墙、晨检卡等物品归位。

本工作标准最终解释权归幼儿园园务委员会。

附件1：班级值日生工作流程

流程名称	班级值日生工作流程		
任务概要	班级值日	执行单位	值日幼儿
部门岗位	幼儿		班主任
工作流程	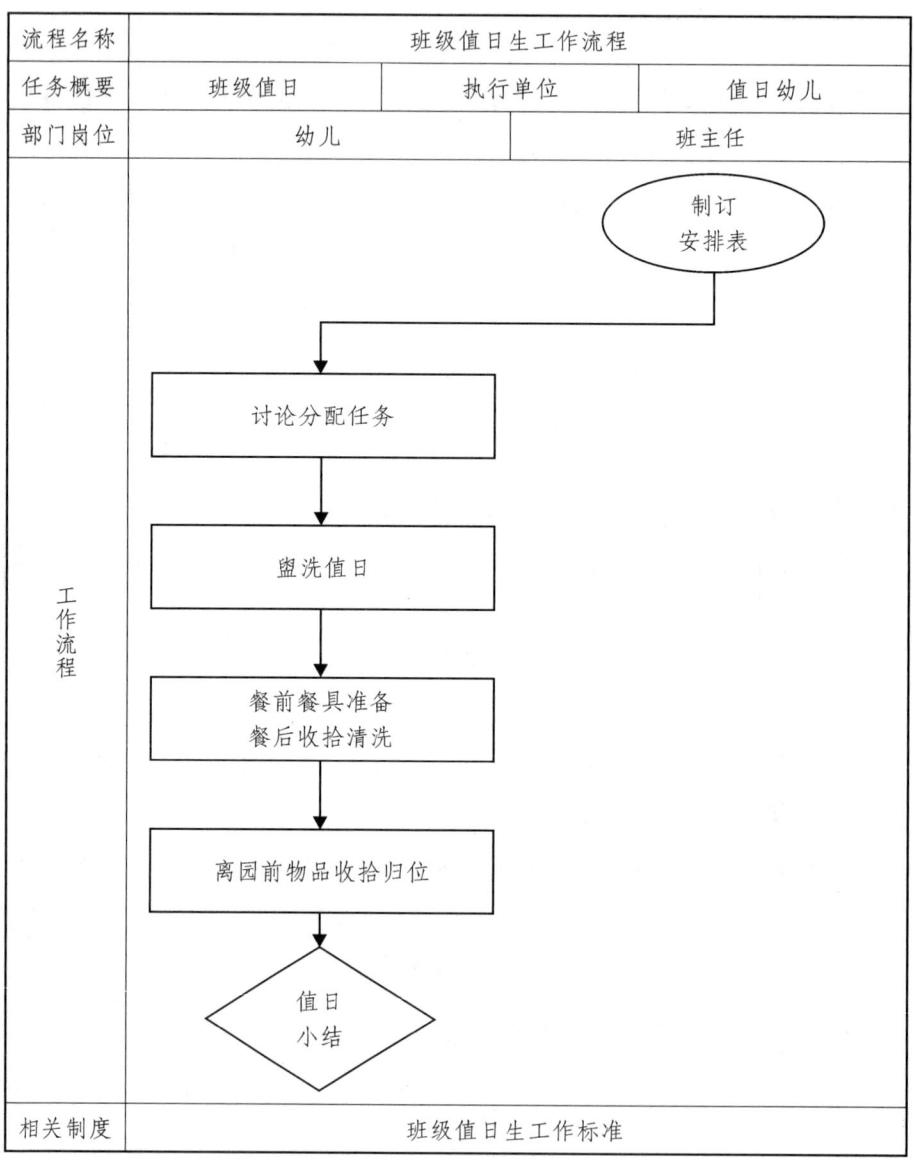		
相关制度	班级值日生工作标准		

附件2：幼儿月度劳动日开展流程

流程名称	幼儿月度劳动日开展流程		
任务概要	月度劳动日	执行单位	业务部门
部门岗位	幼儿		班主任
工作流程	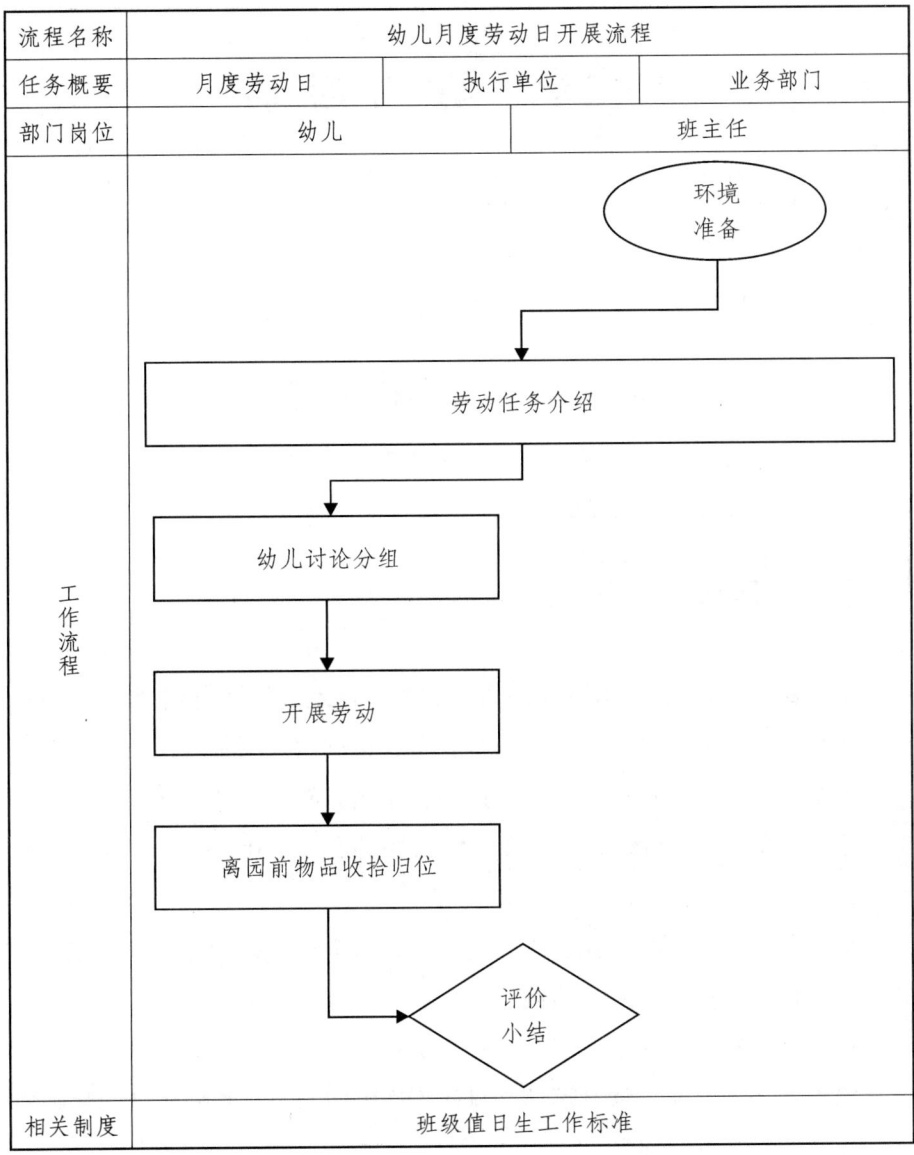		
相关制度	班级值日生工作标准		

第三章 幼儿活动

第一节 入园离园管理

一、入园制度

第一条 为了让幼儿健康快乐地成长,使幼儿园工作井然有序地开展,确保每个幼儿和教职员工的人身安全,特制定入园制度。

第二条 实行错峰入园,家长须按各年级时间段送幼儿入园。

入园时间:大班级8:00—8:05;中班级8:05—8:10;小班级8:10—8:20。

第三条 为了保障幼儿园入园时间段的安全有序,幼儿入园时家长须止步于门口,不得随意进入园内。

第四条 幼儿晨检结束后,家长方可离开。

第五条 若幼儿有情绪不佳、身体不适等问题,家长应主动与教师说明,以便随时观察及照顾。

第六条 原则上，幼儿园不进行喂药。如轻病患儿来园需服药，家长须出示医院病历，将药包好，并写上幼儿姓名、班级、药名、用药时间及用药量，交给保健医生并进行登记。

第七条 家长必须持接送卡，保证"一卡一人"。

第八条 第二次入园时间为8：40，迟到幼儿须自行解决早餐问题。

本制度最终解释权归幼儿园园务委员会。

附件1：幼儿入园流程

流程名称	幼儿入园流程		
任务概要	幼儿入园	执行单位	业务部门
部门岗位	幼儿		保健医生
工作流程	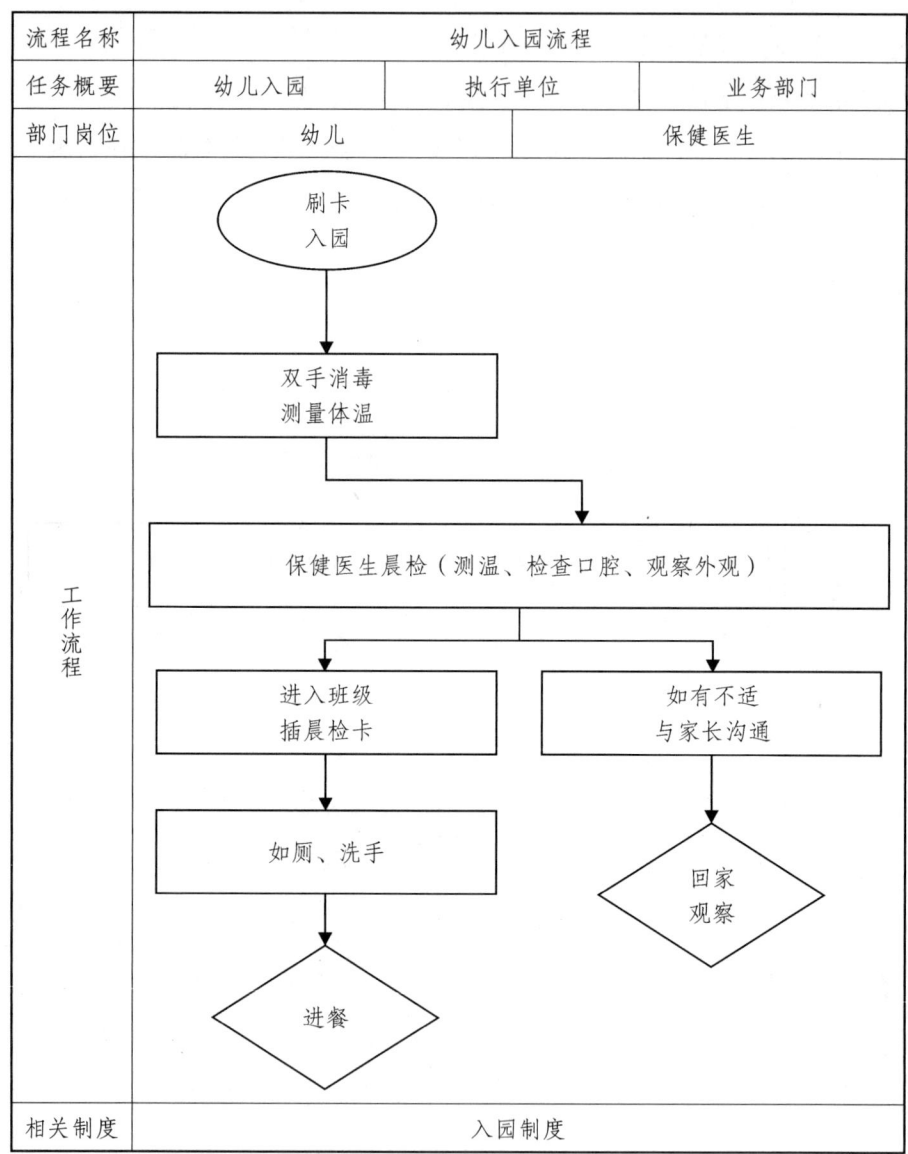		
相关制度	入园制度		

附件2：新生半日活动流程

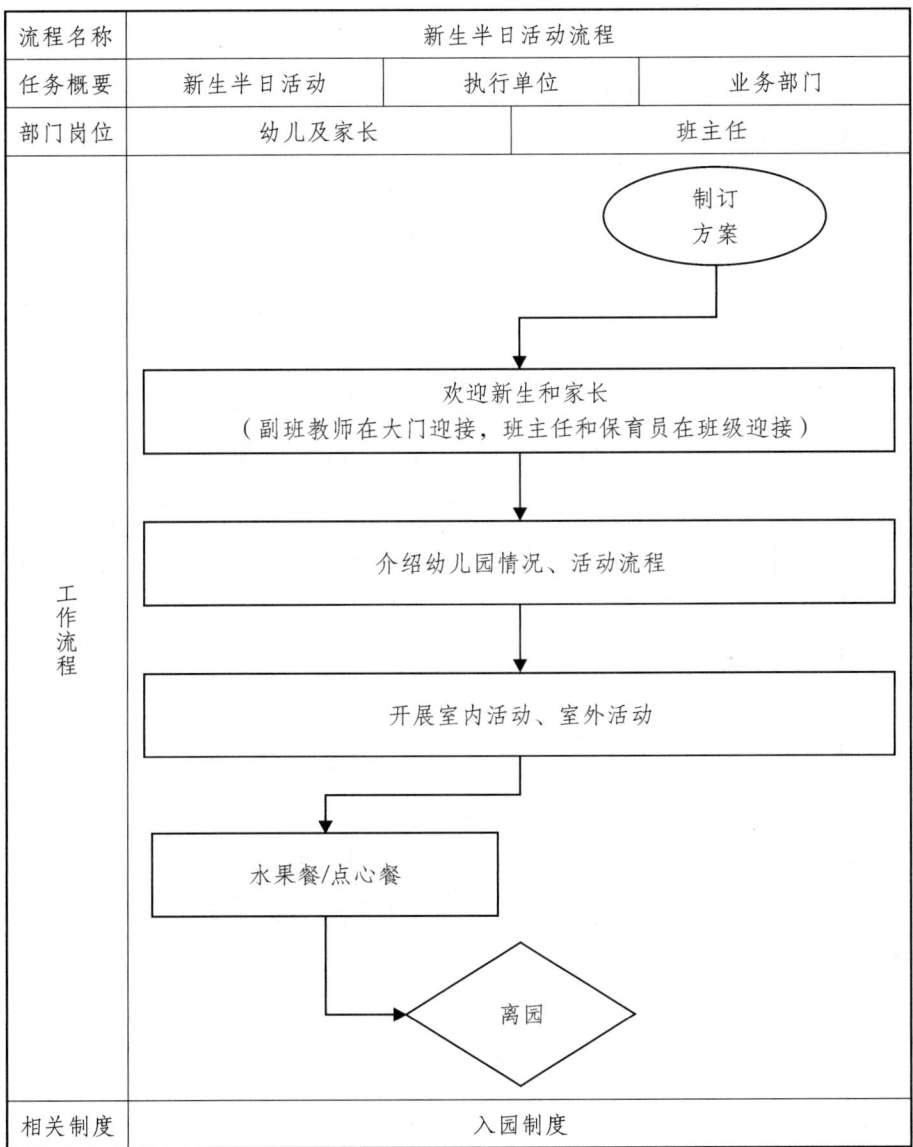

二、离园制度

第一条 为进一步落实"安全第一,预防为主"的方针,加强幼儿园的各类安全工作,做到安全管理制度化、规范化、正常化,特制定幼儿离园制度。

第二条 家长接送须"一人一卡",凭接送卡接送。

第三条 为确保放学时段的安全工作井然有序,幼儿园实行分时段错峰放学,各班级分批离园。

第四条 监护人不能亲自接幼儿时,必须将写好的幼儿接送委托书连同被委托人的身份证复印件交给班主任,并告知班级教师,并把接送卡交给被委托人,方可由被委托人代接幼儿。

第五条 凡因事提早接走幼儿的,家长事前必须与班级教师沟通,由教师把幼儿带到门口交给家长,并做好提前离园登记。

第六条 未持有接送卡的家长须耐心等候并做好登记,方可带幼儿离园。

第七条 家长接到幼儿后,应自觉离园,不在活动场上逗留、玩耍。

第八条 未成年人不得进园接幼儿。

第九条 园内工作人员须热情接待家长和幼儿,做好相关指引并维持秩序。若遇雨天,清洁人员须在大堂铺上地垫,摆放好放置雨伞的水桶,做好防潮防滑等防护措施。

本制度最终解释权归幼儿园园务委员会。

附件1：幼儿离园流程

流程名称	幼儿离园流程		
任务概要	幼儿离园	执行单位	业务部门
部门岗位	幼儿	班级教师	家长
工作流程	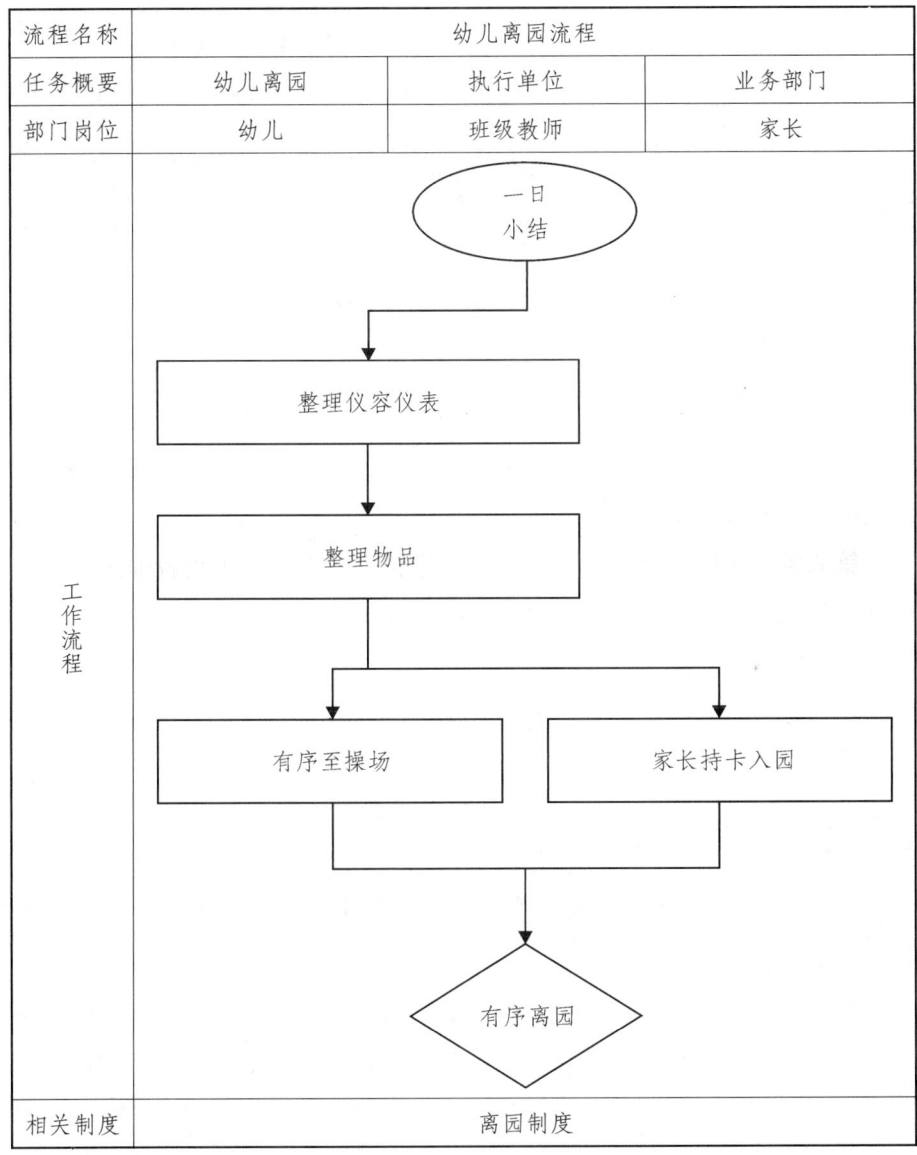		
相关制度	离园制度		

附件2：幼儿接送委托书

园区：_____   班级：_____   幼儿姓名：_____

本人_____是_____（幼儿姓名）的监护人，身份证号码：_____，因_____无法到园接/送孩子，现委托如下人员代替接送本人子女入园/离园。

1. _____（姓名），身份证号码：_____，系幼儿_____（关系），电话号码：_____。

2. _____（姓名），身份证号码：_____，系幼儿_____（关系），电话号码：_____。

委托期限：____年____月____日至____年____月____日

委托人签名：_____   被委托人签名：_____

家庭住址：_____

班主任意见及签名：_____

　　　　　　　　　　　　　　　　____年____月____日

说明：

1. 本委托书仅供幼儿监护人临时无法接送，特委托他人临时接送幼儿时使用。

2. 监护人向本园领取纸质委托书填写后交予本班班主任，经班主任签字后生效。

3. 委托期限内，如有其他原因取消委托，监护人应提前一天与本园联系，否则由此造成的其他后果本园概不负责。

第三章 幼儿活动

第二节 幼儿一日生活流程

幼儿入园后,一日生活流程包括晨检、饮水、如厕、午睡、活动开展等。遵守一日生活流程,是幼儿园保教工作平稳有序开展的重要保障。

附件1：幼儿晨检流程

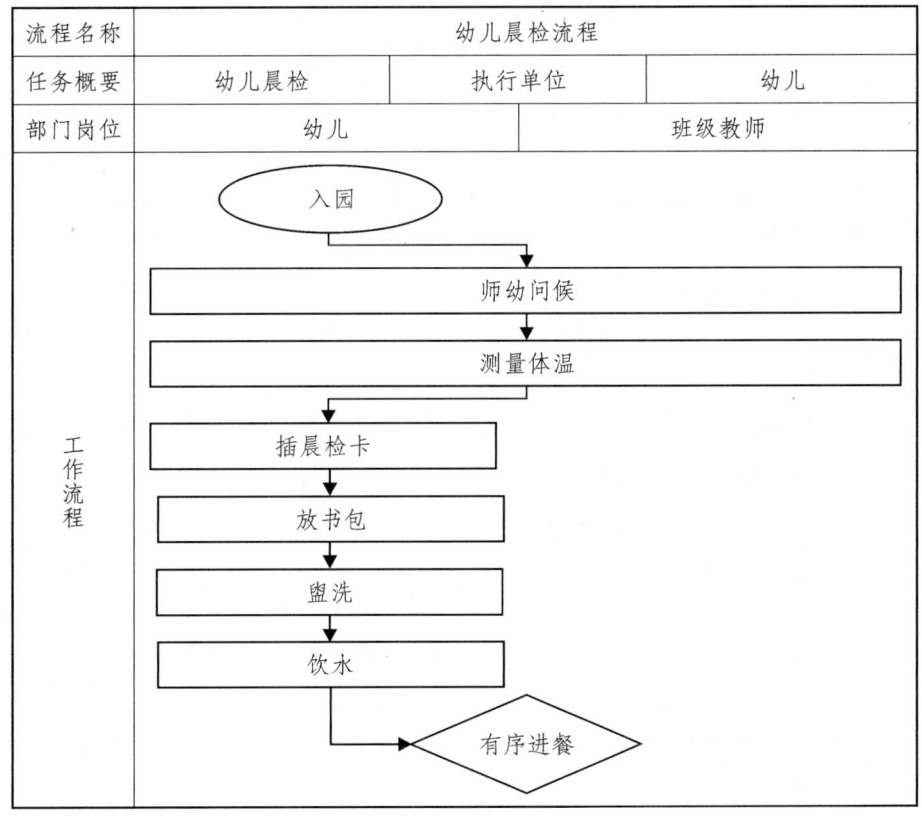

附件2：幼儿饮水流程

流程名称	幼儿饮水流程		
任务概要	幼儿饮水	执行单位	幼儿
部门岗位	幼儿		班级教师
工作流程	有序拿杯子 → 选择适合水量 → 有序接水、饮水 → 记录饮水量 → 检测饮水量		开始 → 播放饮水音乐

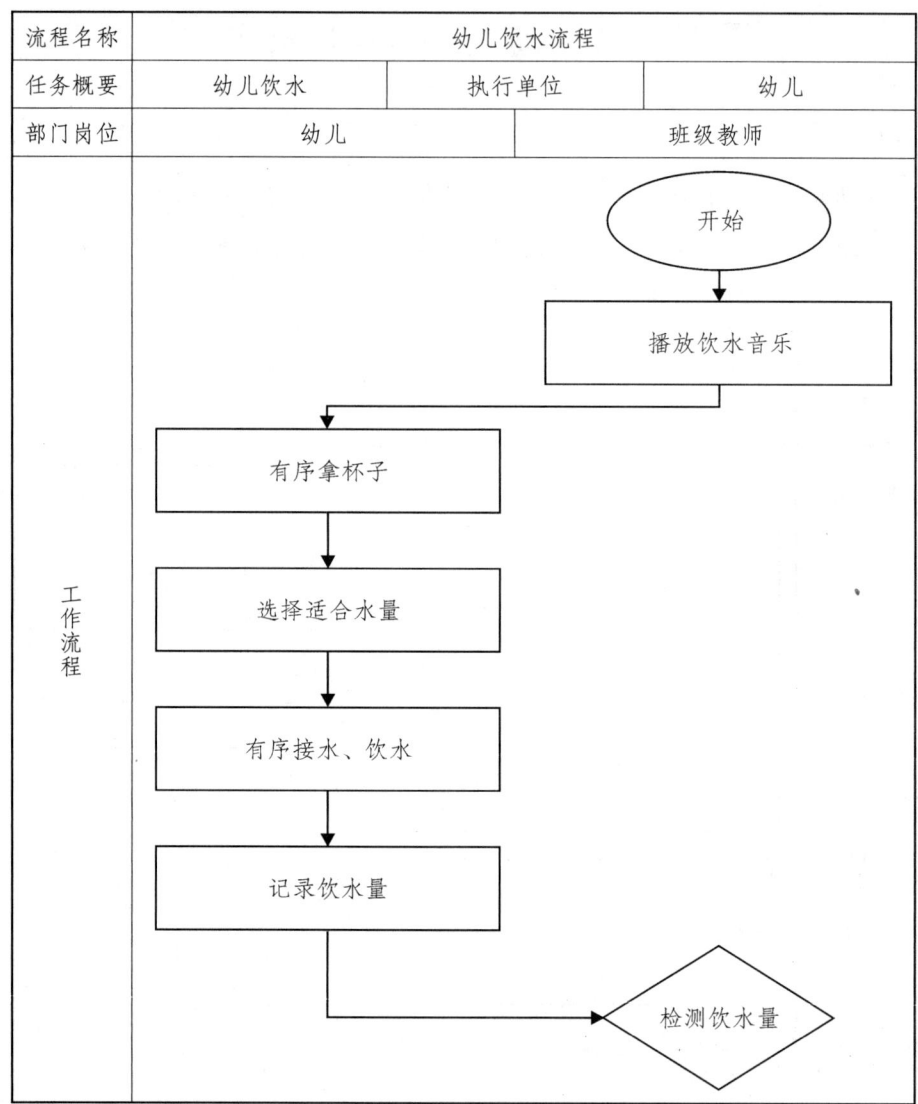

第三章 幼儿活动

附件3：幼儿如厕流程

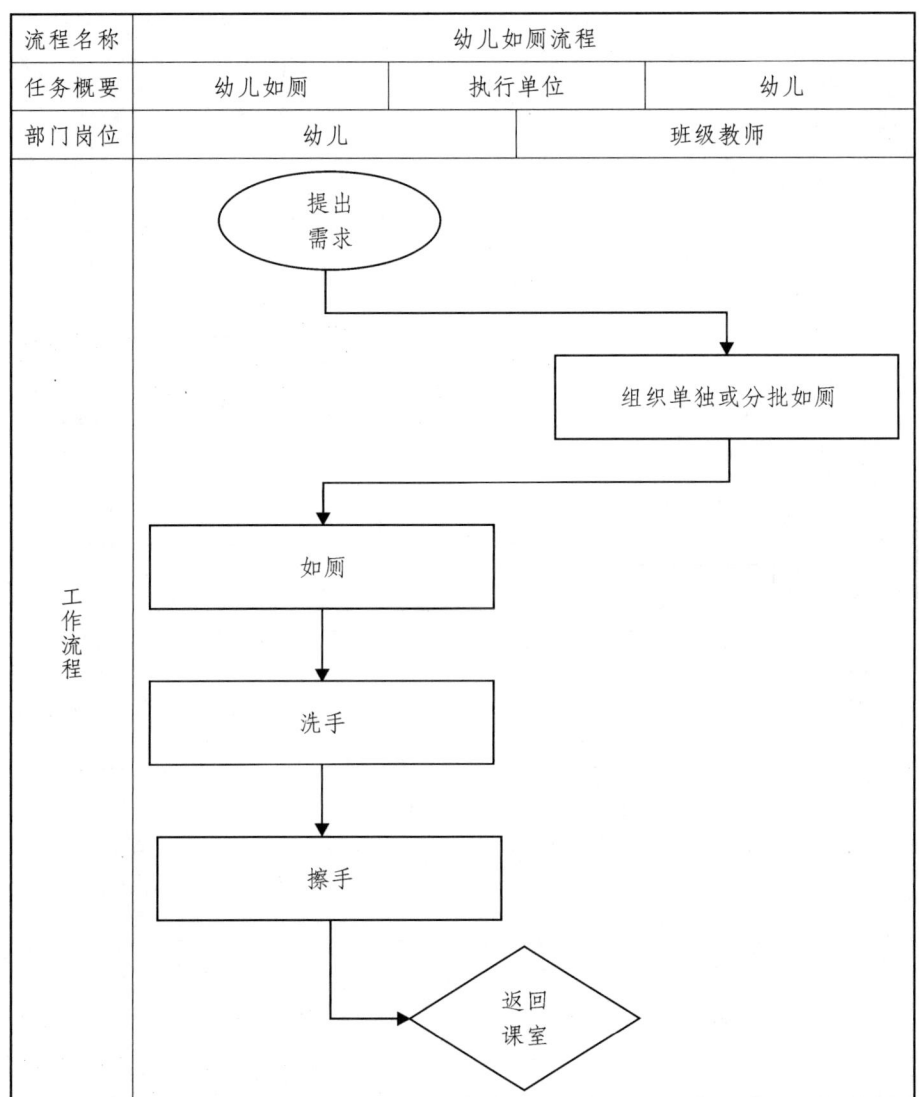

附件4：幼儿午睡流程

流程名称	幼儿午睡流程		
任务概要	幼儿午睡	执行单位	班级教师
部门岗位	幼儿		班级教师
工作流程	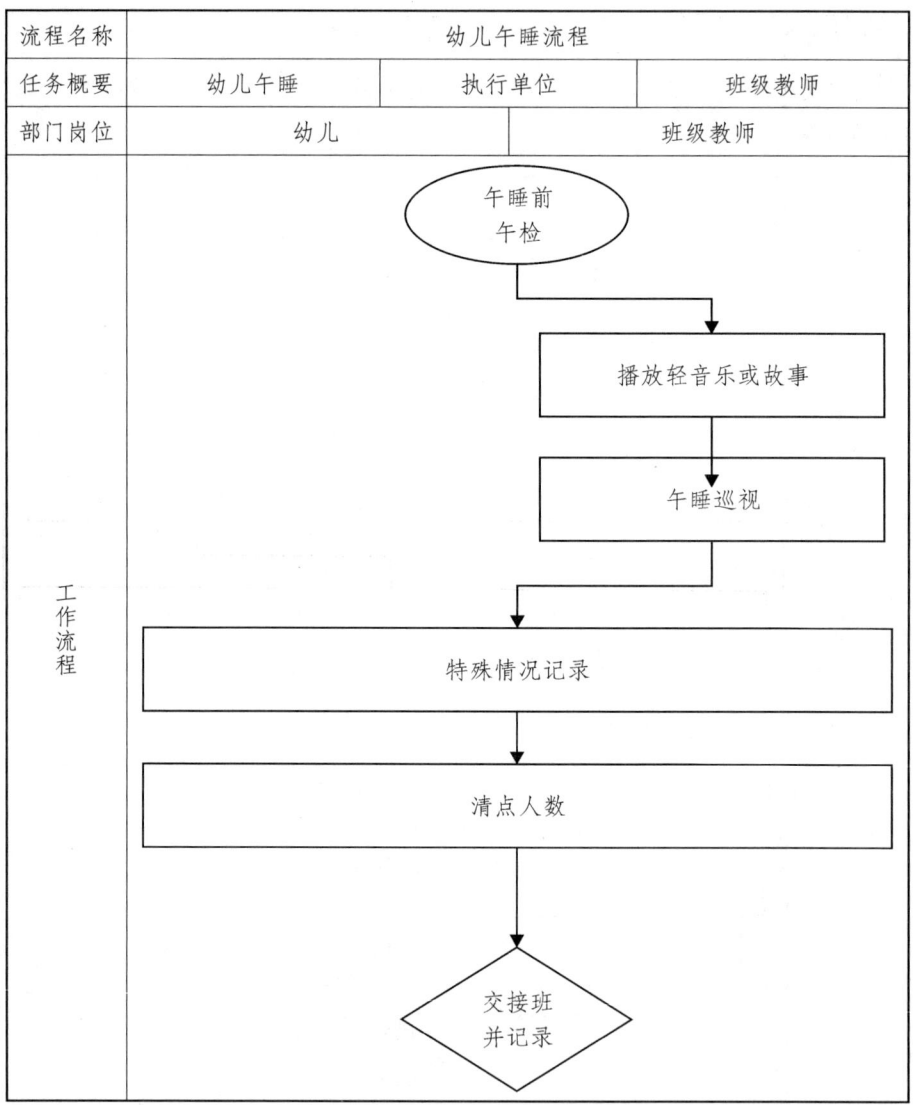		

附件5：幼儿活动开展流程

流程名称	幼儿活动开展流程		
任务概要	幼儿活动开展	执行单位	班级教师
部门岗位	幼儿	班级教师	
工作流程	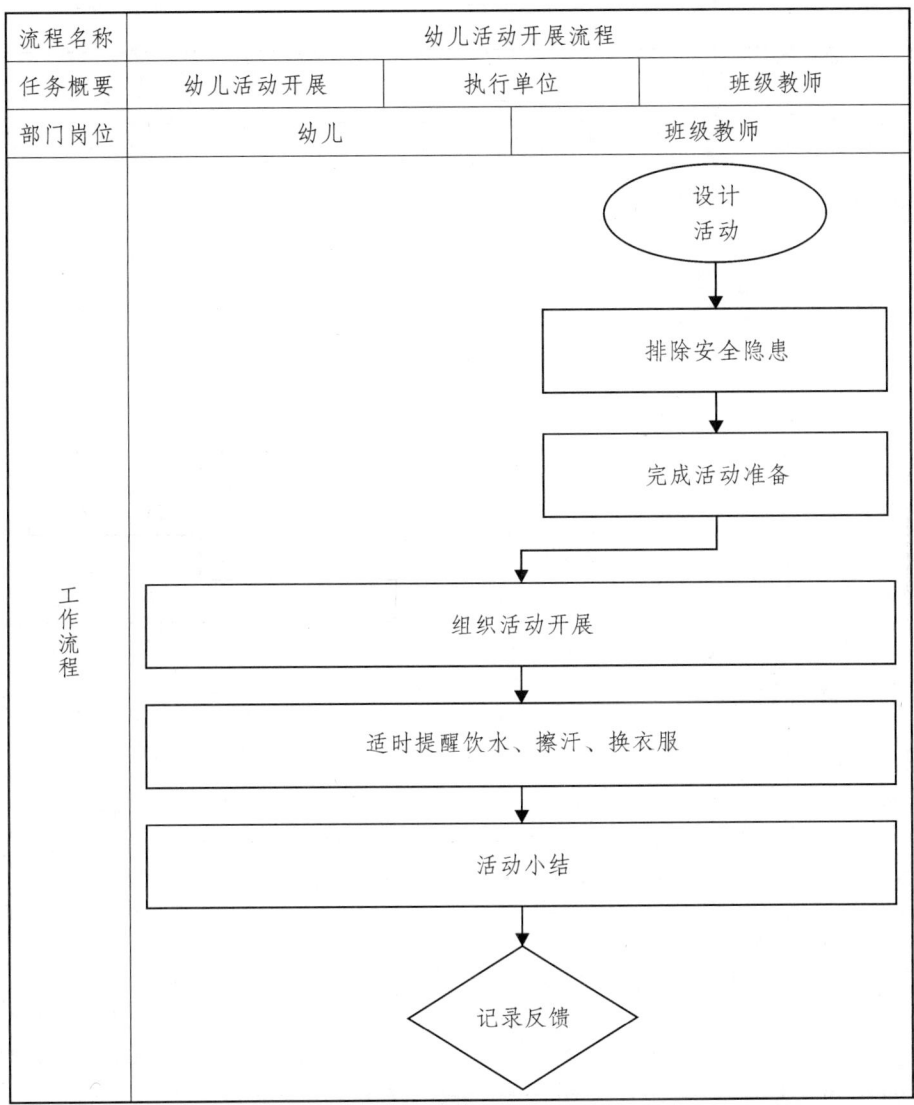		

附件6：午睡交接班记录

第＿＿＿周

日期		星期		总人数		回园人数	
时间： 午睡值班交接情况： 负责人：				时间： 午睡值班交接情况： 负责人：			
检查者签名				抽查者签名			

第四章　家长活动

第一节　家长活动管理

一、家长会管理办法

第一条　家长会须列入幼儿园工作计划，每学期至少召开1次全园家长会。

第二条　幼儿园及教师在家长会前要做好周密准备，认真做好家长会方案，至少提前1周通知家长。

第三条　幼儿园通过家长会向家长宣传各种教育政策法规及幼儿园管理制度、办园思想、教育教学情况等。

第四条　班主任要认真组织家长会，热情接待，保证出勤率，对没有参加家长会的家长要进行电话家访，并问清原因。

第五条　在家长会上，班主任应向家长汇报本班幼儿在文明礼貌、行为习惯、学习态度、身体心理等各方面的情况。在肯定每一名幼儿的同时提出针对性的指导建议，并耐心解答家长提出的有关教育教学方面的问题。

  第六条 班主任应征求广大家长对教师及幼儿园工作的意见和建议，及时上报，便于更好地解决问题和改进工作。

  第七条 家长会结束后班主任应及时做好反馈工作，分析整理反馈资料并及时送保教主任处。

  本办法最终解释权归幼儿园园务委员会。

第四章　家长活动

附件：家长会召开流程

流程名称	家长会召开流程		
任务概要	召开家长会	执行单位	班级教师
部门岗位	家长		班级教师
工作流程			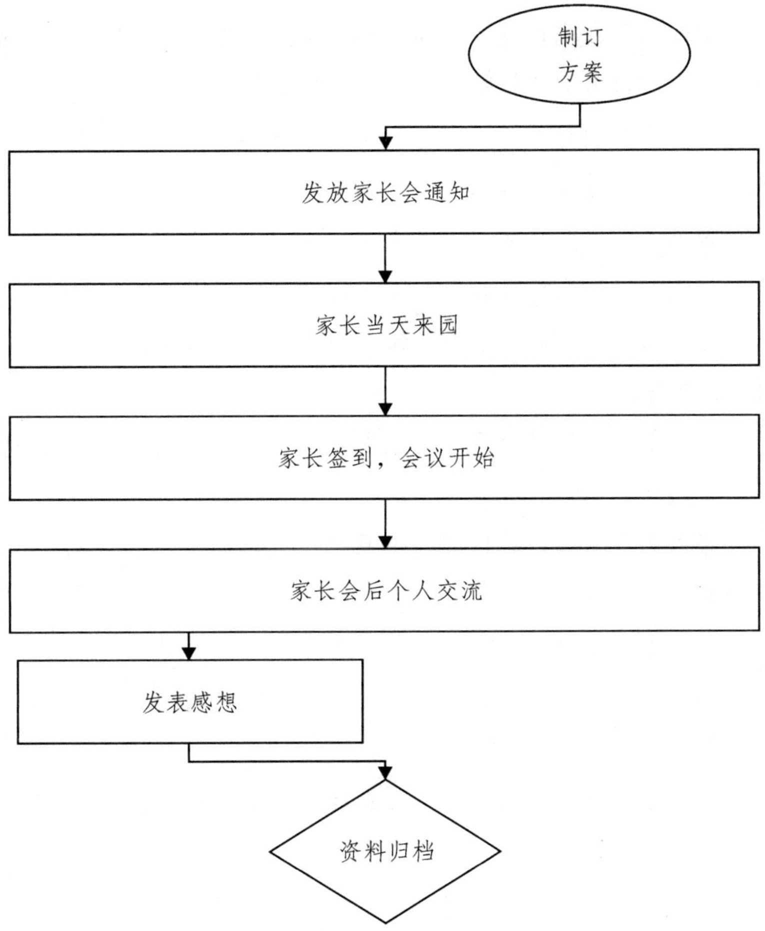 制订方案 → 发放家长会通知 → 家长当天来园 → 家长签到，会议开始 → 家长会后个人交流 → 发表感想 → 资料归档
相关制度	家长会管理办法		

二、家长开放日管理办法

第一条 家长开放日须列入幼儿园工作计划,每学期至少开展 1 次全园(班级)家长开放日。

第二条 在家长开放日前,幼儿园及班主任要做好周密准备,认真做好家长开放日方案、教案,与班级教师做好配合工作。班主任至少提前 1 周发放家长开放日通知,确保家长百分百回复班主任的通知,对没有回复的家长,班主任需要进行电话家访。

第三条 班主任要认真做好家长开放日工作,热情接待,保证出勤率,对没有参加家长开放日的家长要通过电话家访了解原因。

第四条 有计划地组织家长参与园内教学活动,使家长及时了解幼儿在园的发展现状。

第五条 通过开放活动,让家长及时了解幼儿在园情况,增强家园沟通,促进家园共育。

第六条 家长开放日过程中鼓励家长以欣赏的目光看待自己的孩子,积极配合教师与孩子进行有效的亲子互动。

第七条 积极采纳家长开放日活动中家长提出的合理化意见和建议。

第八条 家长开放日结束后班主任应及时做好活动反馈工作,分析整理反馈资料并及时送保教主任处。

本办法最终解释权归幼儿园园务委员会。

第四章　家长活动

附件：家长开放日活动流程

流程名称	家长开放日活动流程		
任务概要	家长开放日	执行单位	班级教师
部门岗位	幼儿与家长	班级教师	
工作流程	\

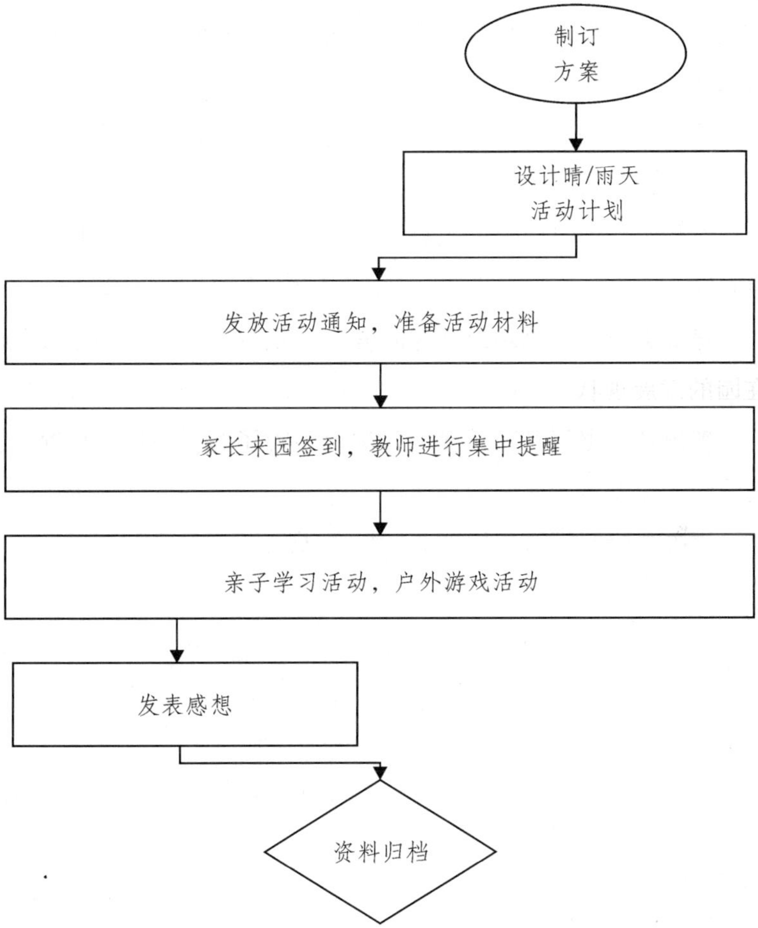

```
                        ┌─────────┐
                        │ 制订方案 │
                        └────┬────┘
                             ↓
                     ┌───────────────┐
                     │ 设计晴/雨天   │
                     │ 活动计划      │
                     └───────┬───────┘
                             ↓
         ┌──────────────────────────────────┐
         │ 发放活动通知，准备活动材料        │
         └────────────────┬─────────────────┘
                          ↓
         ┌──────────────────────────────────┐
         │ 家长来园签到，教师进行集中提醒    │
         └────────────────┬─────────────────┘
                          ↓
         ┌──────────────────────────────────┐
         │ 亲子学习活动，户外游戏活动        │
         └────────────────┬─────────────────┘
                          ↓
              ┌───────────────────┐
              │     发表感想      │
              └─────────┬─────────┘
                        ↓
                    ◇ 资料归档 ◇
```

| 相关制度 | 家长开放日管理办法 | | |

三、家长安全协管员管理办法

第一条 为加强幼儿园的安全管理工作,保证幼儿的生命安全,特制定家长安全协管员管理办法。

第二条 家长须严格遵守安全协管员值班时间:7:50—8:20、16:00—16:30。

第三条 幼儿园应做好安全协管员值班登记。

第四条 值班期间,协管员应增强责任心,严格遵守协管员职责,不得随意聊天、擅离职守。因故不能如期到岗者,应及时向班主任请假或调换时间。

第五条 协管员须协助保安人员加强门卫管理并在园门口重要位置站岗,维持接送时间园门口的秩序,维护幼儿安全。发现与违法犯罪有关的可疑情况及时报警,对正在发生的侵害师幼的违法犯罪行为,协助保安人员使用防卫器械先期处置。

本办法最终解释权归幼儿园园务委员会。

第四章 家长活动

附件：家长安全协管员工作流程

流程名称	家长安全协管员工作流程		
任务概要	家长安全协管员	执行单位	班主任/家长
部门岗位	家长		班主任
工作流程	来园登记 → 穿义工服、戴袖章 持防暴器械 → 站岗巡视环境 → 合影留念 → 归还物品 → 结束		制定报名链接 → 公布报名情况
相关制度	家长安全协管员管理办法		

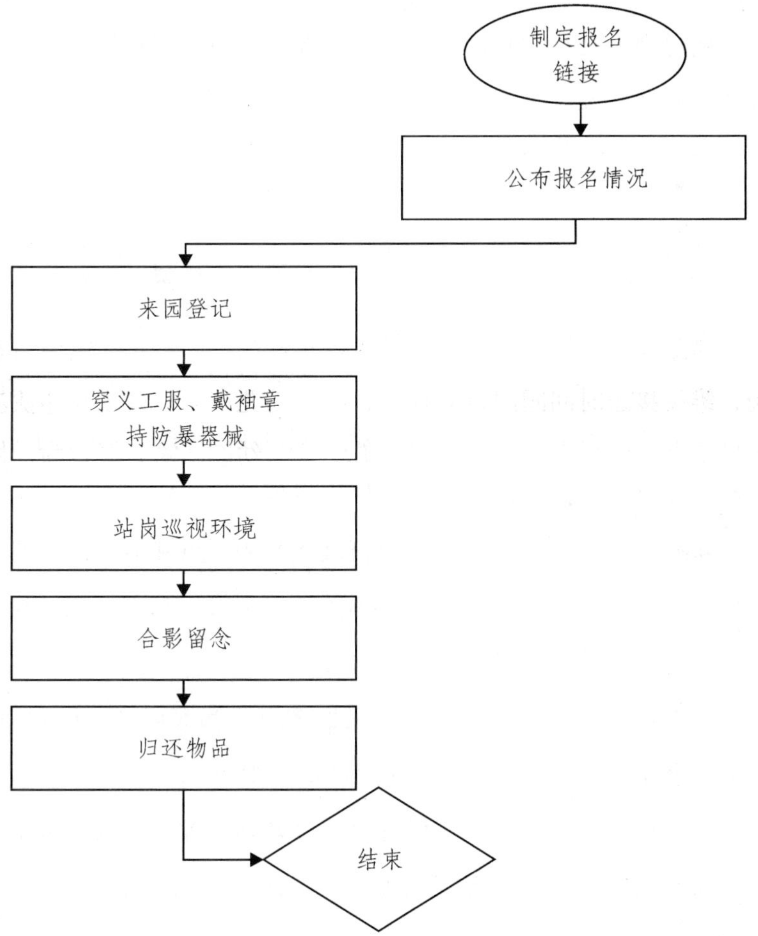

四、家长助教管理办法

第一条　为规范、合理、科学、有效地推进家长助教活动，现结合幼儿园实际，特制定家长助教管理办法。

第二条　助教家长应做到爱护幼儿，不讥讽、嘲笑和侮辱幼儿，不体罚或变相体罚幼儿。

第三条　助教家长需要认同幼儿园教学理念，并配合幼儿园开展活动。

第四条　助教家长可充分利用自身专长、优势对幼儿开展健康、积极向上的助教活动。

第五条　开展助教活动前，家长需要做好心理、知识、物质准备。

第六条　助教家长需要提前制订教学活动方案，并交予班主任审核。活动结束后及时填写助教表格交回班主任处。

第七条　助教家长需要了解班级幼儿的特点和能力，提前学习有关幼儿教育的知识，了解班级幼儿的年龄特点和能力水平，积极与班级教师进行沟通，优化活动方案。

第八条　助教活动过程中，家长态度要和蔼可亲，做到热心、细心、耐心，不指责幼儿，不孤立幼儿，不歧视特殊儿童。

第九条　助教家长应积极配合班级教师，勤于沟通，善于理解。

第十条　未经班级教师允许，不私自拍摄幼儿园环境、幼儿照片及视频。

第十一条　不传播幼儿园内看到、听到的片面或未经证实的信息。

第十二条 班级教师以及助教家长需要高度关注活动中的安全工作，及时处理异常情况和突发事件。

本办法最终解释权归幼儿园园务委员会。

附件：家长助教流程

流程名称	家长助教流程		
任务概要	家长助教	执行单位	班主任
部门岗位	家长		班主任
工作流程	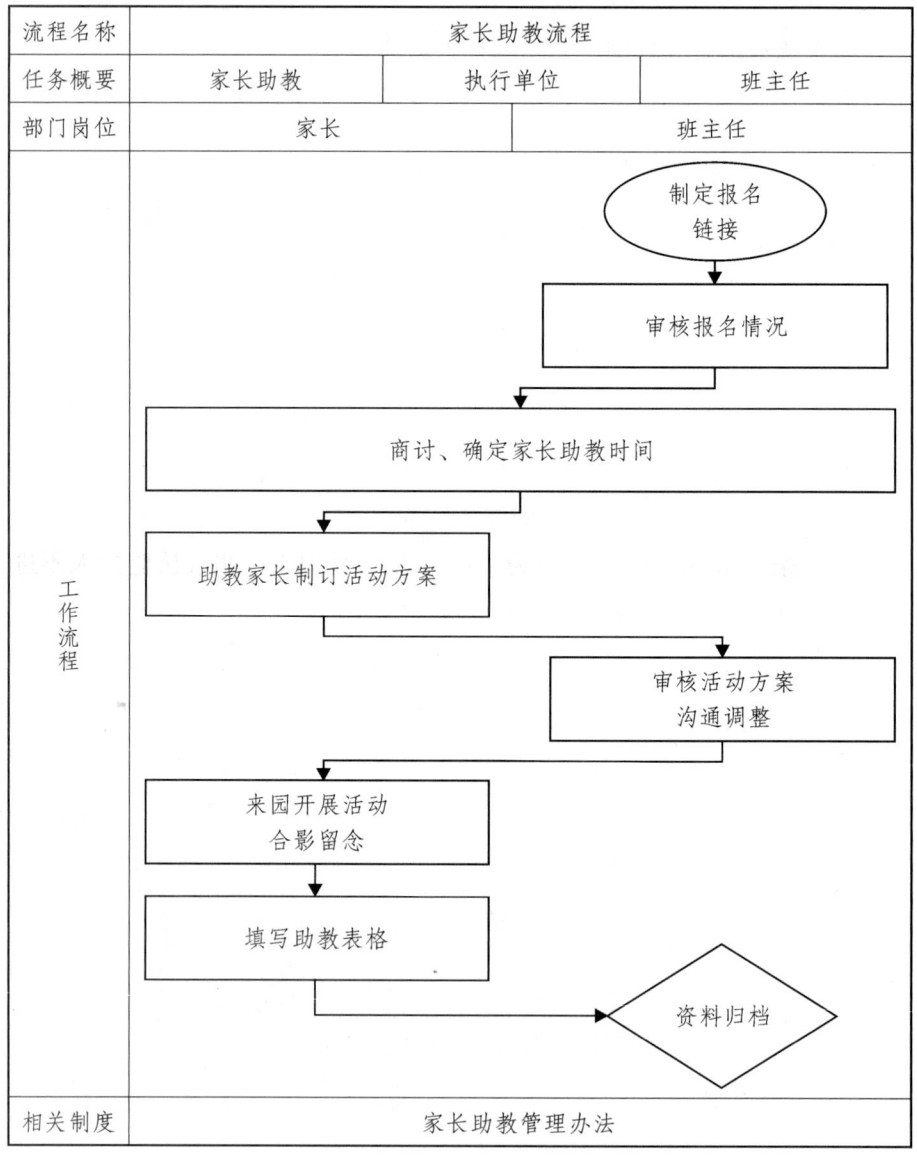		
相关制度	家长助教管理办法		

第二节　家长沟通管理

一、班级群管理制度

第一条　为促进家园的沟通和联系，给幼儿创建一个积极、健康的发展空间，传递正能量，同时更加规范地使用班级信息群，让信息沟通更加及时、有效，特制定班级群管理制度。

第二条　本管理制度适用范围为幼儿园班级 QQ 群、微信群。

第三条　群内所有成员须为班级幼儿的监护人，非直接监护人不进群，特殊情况除外。

第四条　每名幼儿名下最多加入 2 名监护人账号，特殊情况除外。

第五条　进群后监护人须及时修改群昵称，以"幼儿姓名＋妈妈"或"幼儿姓名＋爸爸"命名。

第六条　监护人在群内交流时必须遵守国家法律法规及相关网络信息管理规定，不得发布不当言论。

第七条　群内禁止发布与班级教学、幼儿教育、班级管理无关的各类信息。

第八条　班级群仅用于家园沟通交流，不作聊天使用。班级群内应分享正面积极的信息，传递正能量，不发表涉及人身攻击和影响班级团结的内容。

第九条 晚上 10 点后为休息时间,家长如有特殊问题应与教师单独联系,避免在群内发布信息。

本制度最终解释权归幼儿园园务委员会。

第四章 家长活动

附件：班级群管理流程

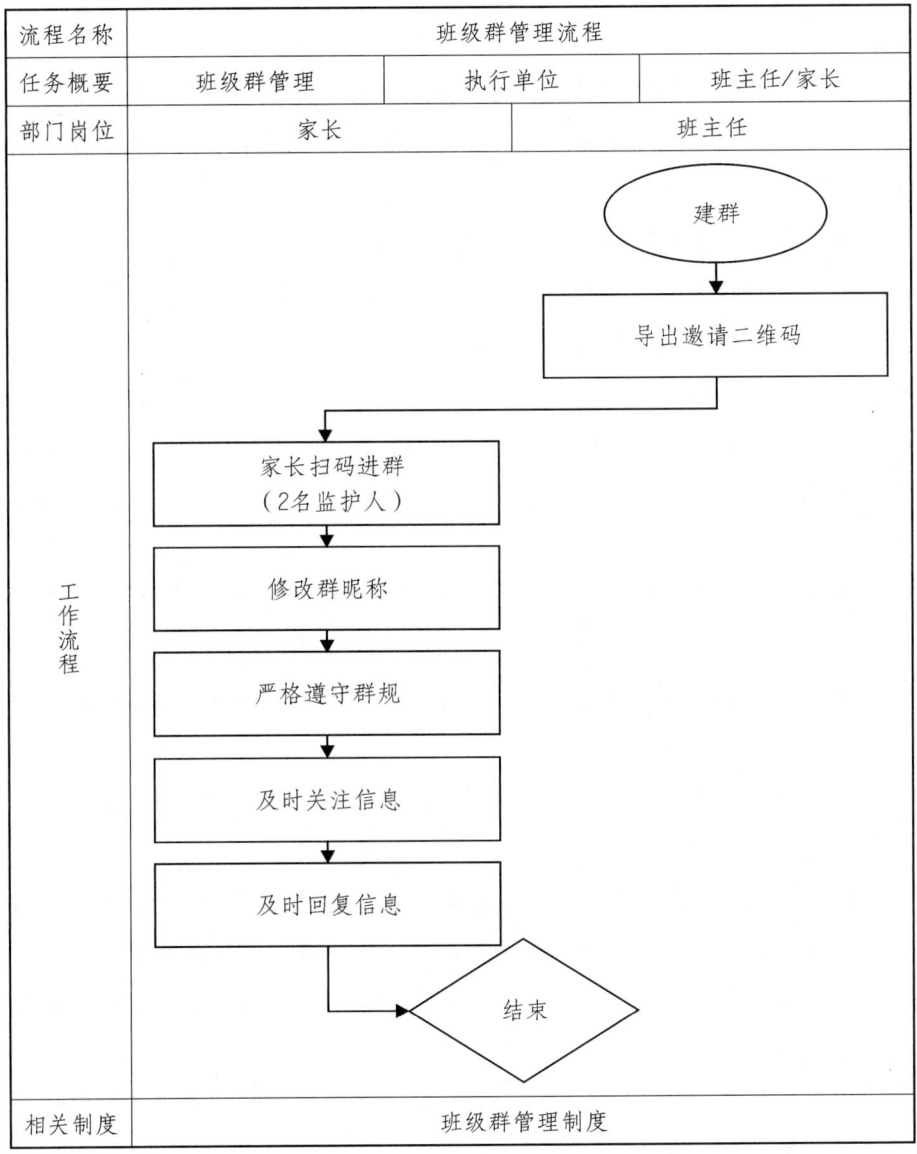

二、家访管理办法

第一条 家访是增进教师和家长沟通的桥梁，也是争取家长、社会的支持以共同教育幼儿的重要手段。为做好家访工作相关事宜，特制定家访管理办法。

第二条 新生入园前，教师须做好家访工作，了解幼儿的性格特点、生活习惯、兴趣爱好，了解幼儿家庭环境、父母的教育观念及对幼儿园的要求等情况。同时进一步消除幼儿对幼儿园及教师的陌生感，与幼儿培养初步感情，为幼儿入园后尽快适应新环境、减少分离焦虑做好准备。

第三条 对旧生家访应有针对性，可根据幼儿在园的生活、学习等情况进行家访，与家长面对面沟通幼儿在园表现，同时也可了解幼儿在家表现，共同探讨，及时调整教育策略。

第四条 对于个别特殊儿童，教师应增加家访次数，及时反馈幼儿的进步与变化，多给予肯定性建议，注意维护幼儿的自尊心。

第五条 幼儿因病请假，教师应通过电话家访随时关注幼儿状况，对住院的幼儿必须进行探望。

第六条 幼儿在园发生摔伤、碰伤后，教师应第一时间进行家访，说明事情发生的经过。

第七条 教师应尊重家长，认真倾听家长陈述，不计较个别家长对教师的偏见，避免与家长争执，努力争取家长对幼儿园工作的支持。

第八条 家访应有目的性，要认真准备，对幼儿进行客观的分析，通过家访解决问题。

第九条 家访工作应有记录，尤其是对特殊儿童、特殊事件的家访。

第十条 每学期初至少家访1次。

第十一条 家访过程中，教师不接受家长任何馈赠，做到廉洁从教。

本办法最终解释权归幼儿园园务委员会。

三、电话家访管理办法

第一条 电话家访是教师与家长增进交流的有效方式。为进一步拉近彼此的距离，使家长进一步了解幼儿园各项工作，加强对教师的理解、尊重和信任，特制定电话家访管理办法。

第二条 电话家访的通话时间，应以不打扰休息、不占用私人时间为原则。上午 8 点前、晚上 10 点后及午休时间，不应开展电话家访。

第三条 电话家访的通话时间长短应视具体情况而定，时间不应太长。

第四条 电话家访的通话内容应简明扼要，长话短说，直言主题。

第五条 电话家访的通话语言须文明。通话之初，应先问好，然后再谈及其他。终止通话时，应先说"再见"。

第六条 电话家访前，教师应先掌握相关沟通内容。说话要委婉，要让家长在充分肯定自己孩子优点的同时，认识到自己孩子的不足。要在情感上和家长达成一致以取得家长的积极支持。

本办法最终解释权归幼儿园园务委员会。

附件1：家访流程

流程名称	家访流程		
任务概要	家访	执行单位	班主任
部门岗位	家长		班主任
工作流程	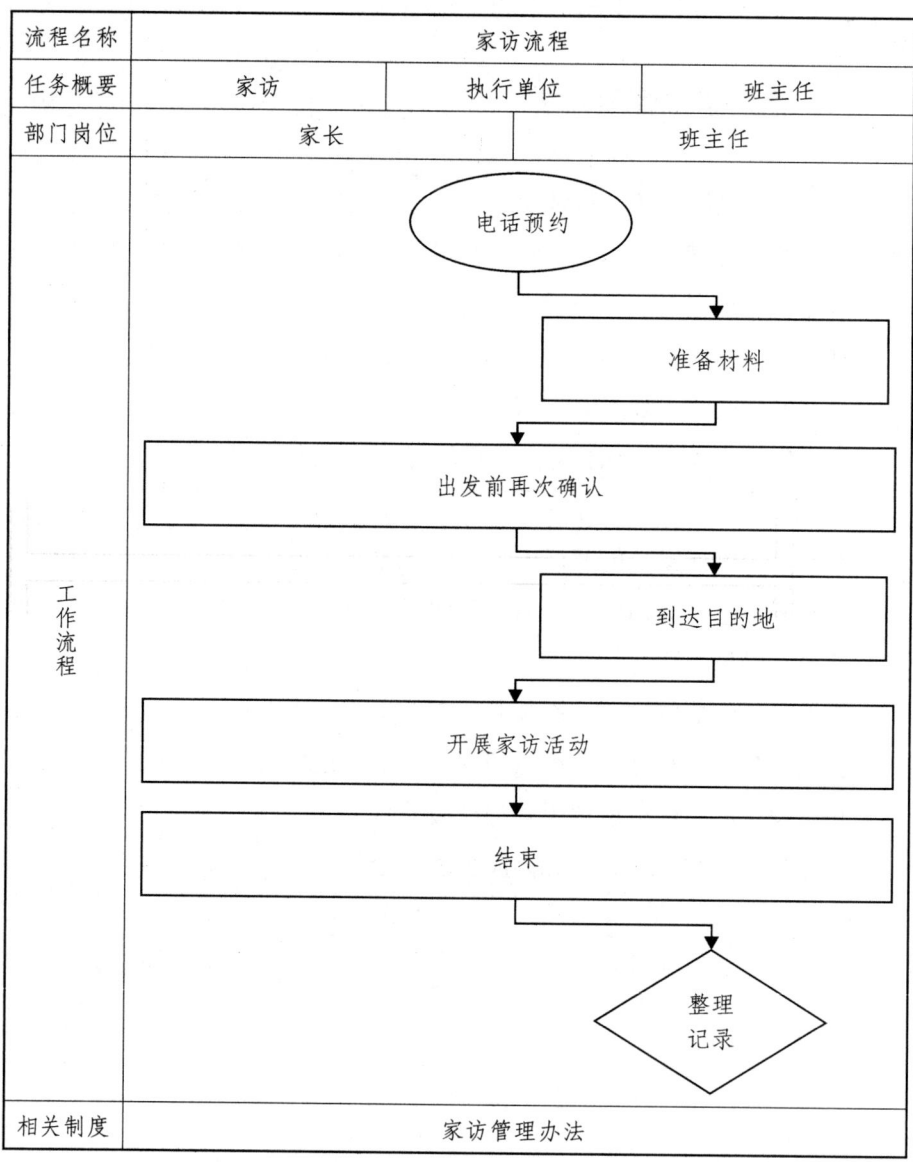		
相关制度	家访管理办法		

工作流程图：电话预约 → 准备材料 → 出发前再次确认 → 到达目的地 → 开展家访活动 → 结束 → 整理记录

附件2：电话家访流程

流程名称	电话家访流程		
任务概要	电话家访	执行单位	班主任
部门岗位	家长		班主任
工作流程	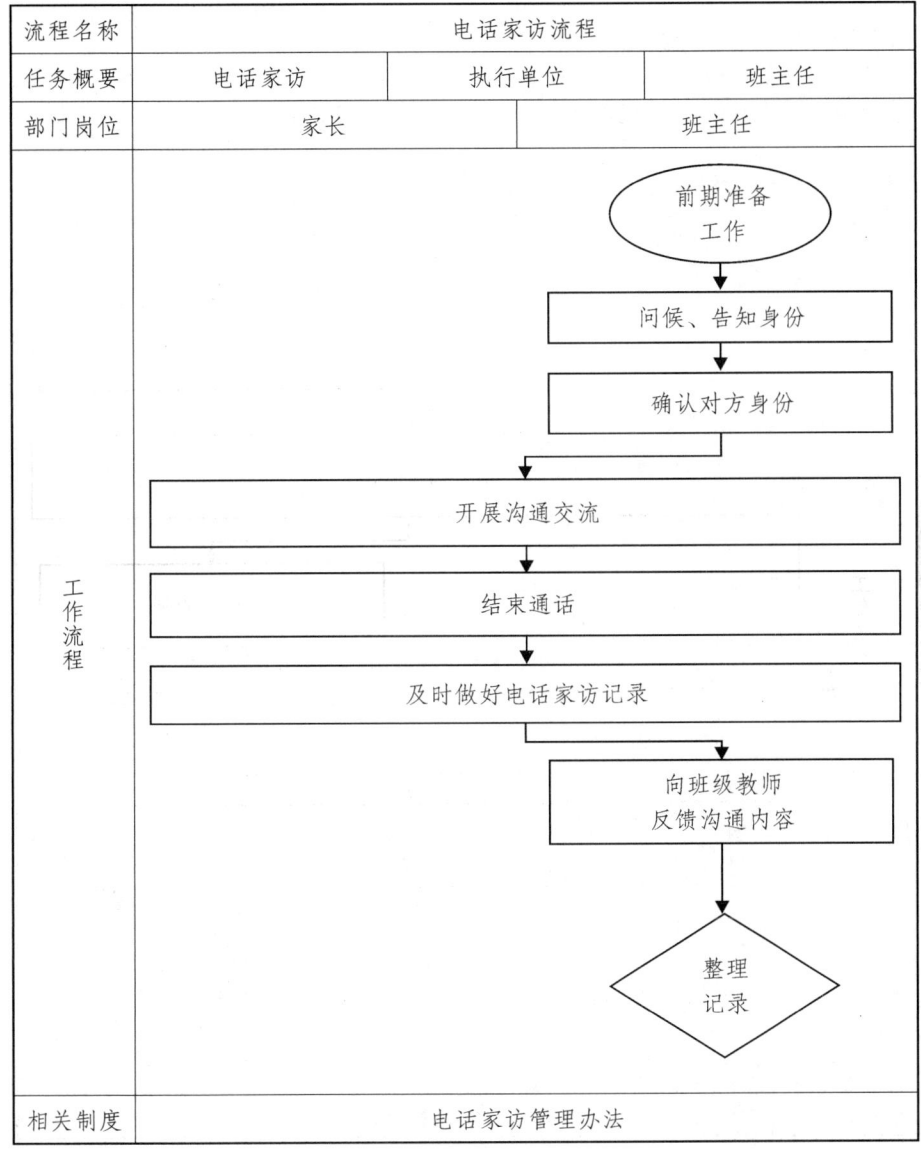		
相关制度	电话家访管理办法		

附件3：家访记录表

幼儿姓名		性别		年龄		家访形式	
被访人	妈妈		爸爸			家访日期	
家访内容：							
家访教师							
检查者签名					抽检者签名		

四、约谈管理办法

第一条 为进一步做好我园特殊幼儿教育,加强幼儿园与家庭的联系,协调幼儿园与家庭的教育步调,统一幼儿园与家庭对幼儿的教育要求,共同做好幼儿的教育工作,促进幼儿全面发展,特制定约谈管理办法。

第二条 对于存在行为偏差或心理偏差的特殊幼儿,在班主任与其家长联系沟通却仍然教育未果的情况下,可报请幼儿园管理部门介入,共同做好协调与沟通。

第三条 约谈前,班级教师应向分管领导汇报幼儿情况,让其在了解幼儿具体情况的基础上,给予指导意见。

第四条 如需与家长进一步沟通,可邀请家长来园开展约谈。约谈由班主任及班级教师发起申请,由园长及管理部门审批。

第五条 约谈前,班级教师要做好充分准备,明确谈话重点。

第六条 幼儿在园的学习、生活、纪律、品德等情况,必须向家长进行实事求是的反馈,让家长了解幼儿在园真正的表现。

第七条 教师应客观地了解幼儿家庭状况、成长环境及在家的思想状况、学习习惯、生活习惯和个性特征。

第八条 约谈时,教师应着重向家长反馈幼儿的学习情况及在园表现,指导家长转变教育观念,用科学的方法教育幼儿,与家长共商促进幼儿发展的教育措施、方法和手段,帮助家长树立正确的教育观、质量观和价值观。

第九条 约谈时,教师应注意幼儿家庭环境、家长心情,酌情采取恰当的谈话方式,谈话要有耐心、态度要诚恳,营造和谐融洽的气氛。一切从实际出发，切忌片面、孤立地看问题，切忌告状式约谈。

第十条 约谈时，教师应尊重家长，以热诚欢迎的态度对待家长的意见，切忌与家长"斗气"。

第十一条 约谈时，应避免幼儿在场。

第十二条 做好约谈记录，约谈结束时请家长签名确认。

本办法最终解释权归幼儿园园务委员会。

附件1：约谈流程

流程名称	约谈流程		
任务概要	约谈	执行单位	班主任
部门岗位	家长	班主任/班级教师	
工作流程	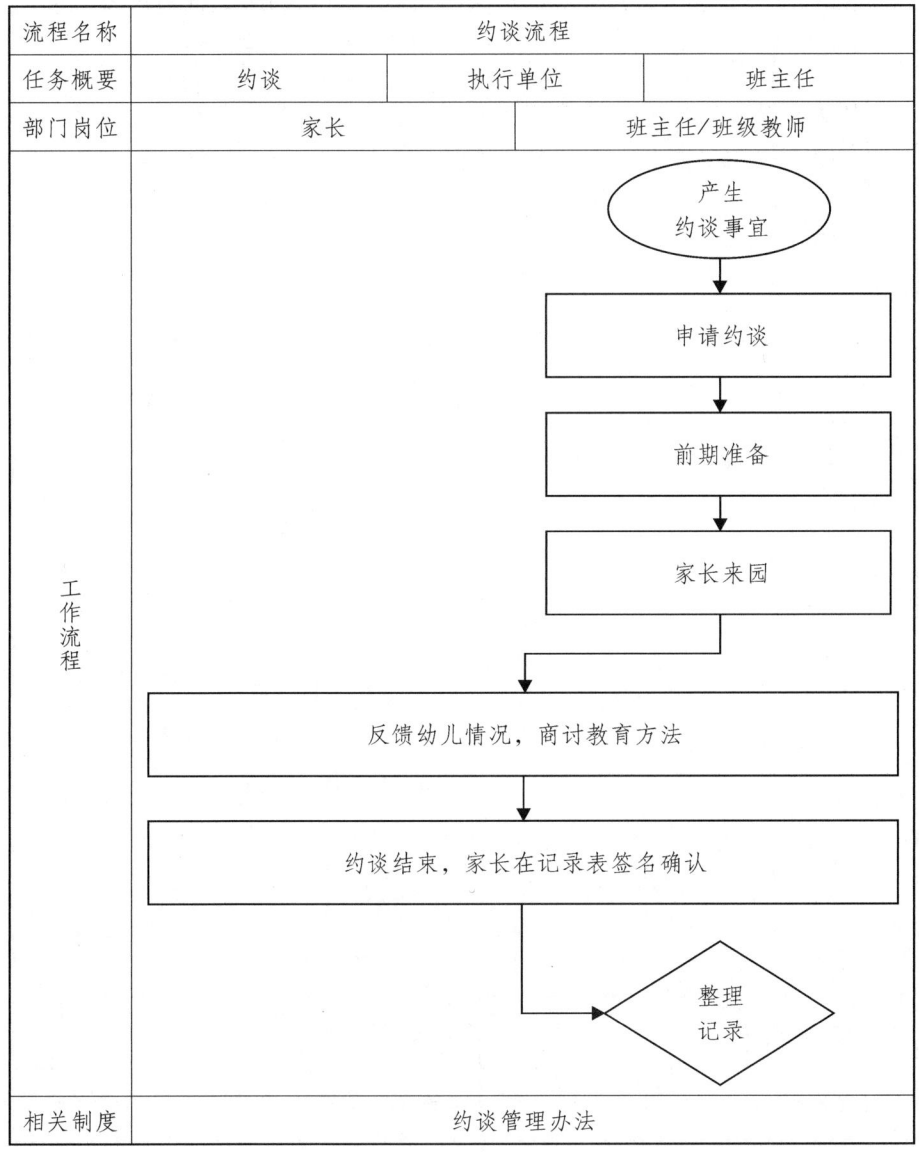		
相关制度	约谈管理办法		

附件2：约谈记录表

幼儿姓名		性别		年龄	
被访人			访谈日期		
访谈内容：					
访谈教师			家长签名		
检查者签名			抽检者签名		

后 记

管理，始终贯穿于幼儿园的运营与发展之中，无论是过去、现在还是未来，它都是幼儿园关注的核心议题。幼儿园的管理者承载的期待与责任无比重大，不仅要清晰地描绘出幼儿园未来的发展蓝图，而且要将这份蓝图转化为具体的行动和成果。只有这样，管理者的理念和愿景才能真正落地生根，为幼儿园带来持久而深远的影响。

当前，各行各业都在经历转型升级的浪潮，幼儿园同样面临着前所未有的压力与机遇。在这个变革的时代，我们深知，仅仅站在岸边观看或是指挥他人游泳是远远不够的。我们愿意成为实践中的游泳者，深入其中，亲身体验，与您一同解答幼儿园管理中的种种困惑。

我们始终坚信，管理的精髓在于追求卓越的实践，并将这些实践传播给更多的人。我们深知，只有立足于当前的环境，紧密结合实际，才能找到最适合幼儿园发展的管理之道。因此，我们一直致力于寻找那些最符合当前幼儿园需求的管理理念和方法，并将这些宝贵的经验分享给您。

在这个过程中，我们始终在探索：哪些书籍能够为您提供宝贵的启示，帮助您解决管理中的难题，并激发您的创新思维？我们始终在寻觅：哪些内容能够助力幼儿园实现由追随者到领导者的华丽转身？我们一直在努力寻找答案，并将这些答案以最优质的形式呈现给您。因此，无论您是本系列丛书的资深读者，还是第一次接触的新朋友，希望您都能够与我们一同探索管理的奥秘，共同为幼儿园管理的美好未来贡献智慧和力量！

刘先成